한 권으로 쉽고 빠르게 끝낼 수 있으니까!

3

출제 가능성이 높은 문제로
빈틈없이 최종 점검하는
문법 실전모의고사

4

시험 직전, 막판 20점 UP!
청취 & 독해
벼락치기 특강

해커스 지텔프 문법 Level 2

정답 찾는 공식28

200% 활용법

📄 MP3 무료 청취영역 MP3

▶️ G-TELP 교재 동영상강의

1. **시험에 빈출되는 포인트 표현** 학습
2. **해커스 지텔프 전문 선생님**의 상세한 해설
3. **G-TELP 최신 출제경향**을 반영한 강의

바로가기 ▶

📊 G-TELP 무료 학습 콘텐츠

지텔프 정답
실시간 확인

해커스 지텔프
적중예상특강

해커스 지텔프
무료 모의고사

매일 지텔프
문법 풀기

해커스
지텔프 문법
Level 2

정답 찾는
공식28

🎓 해커스 어학연구소

Contents

CHAPTER 1 시제   32

CHAPTER 2 가정법   44

CHAPTER 3 준동사   52

책 속의 책 | 정답 · 해설 · 해석

책의 특징과 구성

1

핵심만 압축한 정답 찾는 공식으로 단번에 목표 점수를 달성할 수 있습니다.

[예시 이미지]

평균 단락 풀이 난이도 ★☆☆

정답 찾는 공식 01   right now가 있으면 현재진행 시제가 정답이다.

대표 문제로 정답 찾는 공식 확인하기

Kate wants to play a song on the piano for her friend at her birthday party next Saturday. Right now, she _____ the number in the living room.

(a) will practice
(b) is practicing
(c) practiced
(d) has been practicing

❶ 빈칸 문장에 Right now가 있다.

❷ 따라서 right now(바로 지금)와 함께 쓰여 현재 진행 중인 동작을 나타내는 현재진행 시제 (b) is practicing이 정답이다.

➕ 이것도 알면 만점
○ 빈칸 문장에 다음의 시간 표현이 있어도 현재진행 시제가 정답이다.

지텔프 시험에 나오는 문법만 엄선한
28개의 정답 찾는 공식

방대한 양의 영어 문법을 기초부터 학습할 필요 없이, 교재에 수록된 28개의 정답 찾는 공식만 학습하면 실제 시험에서 쉽고 빠르게 문제를 풀 수 있습니다.

[예시 이미지]

➕ 이것도 알면 만점
○ when(~할 때)과 while(~하던 중에)의 부사절에 빈칸이 있고, 주절에 과거 동사가 있어도 과거진행 시제를 고른다.

When John was running in the park yesterday, he hurt his foot.
John이 어제 공원에서 뛰고 있었을 때 그는 발을 다쳤다.

While we were looking at the menu, the waiter asked for our order.
우리가 메뉴를 보고 있던 중에, 종업원이 주문을 요청했다.

– 종업원이 주문을 요청한 일이 발생했던 과거 시점에 한창 진행 중이었던 동작을 나타내는 문장이다. 따라서 과거의 종료된 일을 나타내는 단순과거 시제가 아니라, 과거진행 시제를 쓴다.

🔔 함정 피하기
'for + 기간'이 있으면 과거진행 시제가 아닌 과거완료진행 시제를 고른다.

When the chef removed the cake from the oven, it (was baking / had been baking) for approximately 50 minutes.
요리사가 오븐에서 케이크를 꺼냈을 때, 그것은 약 50분 동안 구워져 오고 있는 중이었다.

– 지속을 나타내는 표현 'for + 기간'는 동안은 앞선 시점부터 발생한 동작이 기준 시점에도 계속 진행 중임을 나타내는 완료진행 시제와 함께 쓰인다.

☞ 정답 찾는 공식 05 확인하기

틀리기 쉬운 함정에도 완벽 대비하는
함정 피하기

헷갈리기 쉬운 이론을 정리한 [함정 피하기]를 통해 틀리기 쉬운 함정 문제에도 철저히 대비할 수 있습니다.

[예시 이미지]

지텔프 만점 Test

01 Darin and Katie's daughter has shown immense interest in music even at a young age, as she loves to dance and watch singing shows on television. At the moment, the parents _____ for a piano instructor to foster her passion.

(a) are searching
(b) will search
(c) were searching
(d) have searched

04 Scott is scheduled to get an X-ray on his ankle at the university hospital due to an injury that occurred last Sunday. He accidentally stepped in a small hole while he _____ on a grassy trail.

(a) has run
(b) was running
(c) ran
(d) had been running

학습 내용을 점검하고 실전에 대비하는
공식 적용 문제 및
지텔프 만점 Test

[공식 적용 문제]에 정답 찾는 공식을 적용해 봄으로써 배운 내용을 확실하게 정리할 수 있습니다. 또한, 최신 출제경향이 반영된 [지텔프 만점 Test]를 통해 실전 감각을 키울 수 있습니다.

---

2 한 권으로 가장 쉽고 빠르게 끝낼 수 있습니다.

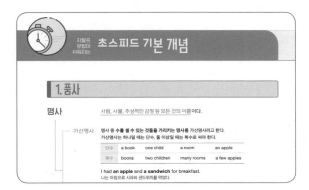

부담 없이 학습을 시작하게 해 주는

지텔프 문법이 쉬워지는 초스피드 기본 개념

기초 문법 실력이 부족한 학습자들도 기본 개념을 통해 부담 없이 학습을 시작할 수 있습니다.

완벽한 실전 대비를 위한

실전모의고사

출제 가능성이 높은 문제들로 구성된 실전모의고사를 통해 시험 전에 빈틈없이 최종 점검을 할 수 있습니다.

막판 점수 상승이 가능한

청취 & 독해 벼락치기 특강

평소에 시간을 들여 청취와 독해를 학습하지 않아도, 시험 직전에 [막판 20점 UP! 청취 & 독해 벼락치기 특강]을 훑어보면 점수 상승을 노려볼 수 있습니다.

지텔프 시험 소개

지텔프 시험은?

지텔프(G-TELP)란 General Tests of English Language Proficiency의 약자로 국제테스트 연구원(ITSC, International Testing Services Center)에서 주관하는 국제적 공인영어시험이며, 한국에서는 1986년에 지텔프 코리아가 설립되어 지텔프 시험을 운영 및 주관하고 있습니다. 현재 공무원, 군무원 등 각종 국가고시 영어대체시험, 기업체의 신입사원 채용 및 인사·승진 평가시험, 대학교·대학원 졸업 자격 및 논문 심사 영어대체시험 등으로 널리 활용되고 있습니다.

지텔프 시험의 종류

지텔프는 Level 1부터 5까지 다섯 가지 Level의 시험으로 구분됩니다. 한국에서는 Level 2 정기시험 점수가 활용되고 있습니다. 그 외 Level은 현재 수시시험 접수만 가능하며, 공인 영어 성적으로 거의 활용되지 않습니다.

구분	출제 방식 및 시간	평가 기준	합격자의 영어구사능력	응시자격
Level 1	청취 30문항(약 30분) 독해 및 어휘 60문항(70분) **총 90문항(약 100분)**	Native Speaker에 준하는 영어 능력: 상담, 토론 가능	외국인과 의사소통, 통역이 가능한 수준	Level 2 영역별 75점 이상 획득 시
Level 2	문법 26문항(20분) 청취 26문항(약 30분) 독해 및 어휘 28문항(40분) **총 80문항(약 90분)**	다양한 상황에서 대화 가능: 업무 상담 및 해외 연수 등 가능	일상 생활 및 업무 상담, 세미나, 해외 연수 등이 가능한 수준	제한 없음
Level 3	문법 22문항(20분) 청취 24문항(약 20분) 독해 및 어휘 24문항(40분) **총 70문항(약 80분)**	간단한 의사소통과 친숙한 상태에서의 단순 대화 가능	간단한 의사소통과 해외 여행, 단순 업무 출장이 가능한 수준	제한 없음
Level 4	문법 20문항(20분) 청취 20문항(약 15분) 독해 및 어휘 20문항(25분) **총 60문항(약 60분)**	기본적인 문장을 통해 최소한의 의사소통 가능	기본적인 어휘의 짧은 문장을 통한 최소한의 의사소통이 가능한 수준	제한 없음
Level 5	문법 16문항(15분) 청취 16문항(약 15분) 독해 및 어휘 18문항(25분) **총 50문항(약 55분)**	극히 초보적인 수준의 의사소통 가능	영어 초보자로 일상의 인사, 소개 등만 가능한 수준	제한 없음

📢 지텔프 Level 2의 구성

Section	내용	문항 수	시간	배점
Grammar	시제, 가정법, 준동사, 조동사, 연결어, 관계사	26개 (1~26번)	영역별 시험 시간 제한 규정 폐지됨	100점
Listening	PART 1 개인적인 이야기나 경험담 PART 2 특정 주제에 대한 정보를 제공하는 공식적인 담화 PART 3 어떤 결정에 이르고자 하는 비공식적인 대화 PART 4 일반적인 어떤 일의 진행이나 과정에 대한 설명	7개 (27~33번) 6개 (34~39번) 6개 (40~45번)* 7개 (46~52번)*		100점
Reading and Vocabulary	PART 1 과거 역사 속의 인물이나 현시대 인물의 일대기 PART 2 최근의 사회적·기술적 묘사에 초점을 맞춘 기사 PART 3 전문적인 것이 아닌 일반적인 내용의 백과사전 PART 4 어떤 것을 설명하거나 설득하는 상업서신	7개 (53~59번) 7개 (60~66번) 7개 (67~73번) 7개 (74~80번)		100점
		80문항	약 90분	300점**

* 간혹 청취 PART 3에서 7문항, PART 4에서 6문항이 출제되는 경우도 있습니다.
** 각 영역 100점 만점으로 총 300점이며, 세 개 영역의 평균값이 공인 영어 성적으로 활용되고 있습니다.

지텔프 시험 접수와 시험 당일 Tips

📢 시험 접수 방법

· **접수 방법** : 지텔프 홈페이지(www.g-telp.co.kr)에서 회원가입 후 접수할 수 있습니다.

· **시험 일정** : 매월 2~3회 일요일 오후 3시에 응시할 수 있습니다.
  * 정확한 날짜는 지텔프 홈페이지를 통해 확인할 수 있습니다.

📢 시험 당일 준비물

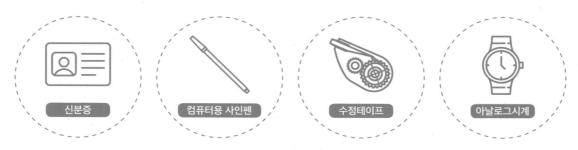

| 신분증 | 컴퓨터용 사인펜 | 수정테이프 | 아날로그시계 |

· 시험 당일 신분증이 없으면 시험에 응시할 수 없으므로, 반드시 신분증(주민등록증, 운전면허증, 공무원증 등)을 지참해야 합니다. 지텔프에서 인정하는 신분증 종류는 지텔프 홈페이지(www.g-telp.co.kr)에서 확인 가능합니다.

· 컴퓨터용 사인펜으로 마킹해야 하며 연필은 사용할 수 없습니다. 연필이나 볼펜으로 먼저 마킹한 후 사인펜으로 마킹하면 OMR 판독에 오류가 날 수 있으니 주의합니다.

· 마킹 수정 시, 수정테이프를 사용해야 하며 수정액은 사용할 수 없습니다. 다른 수험자의 수정테이프를 빌려 사용할 수 없으며, 본인의 것만 사용이 가능합니다.

· 대부분의 고사장에 시계가 준비되어 있지만, 자리에서 시계가 잘 보이지 않을 수도 있으니 개인 아날로그시계를 준비하면 좋습니다.

· 수험표는 별도로 준비하지 않아도 됩니다.

📢 시험 당일 Tips

① 고사장 가기 전
- 시험 장소를 미리 확인해 두고, 규정된 입실 시간에 늦지 않도록 유의합니다. 오후 2시 20분까지 입실해야 하며, 오후 2시 50분 이후에는 입실이 불가합니다.

② 고사장에서
- 1층 입구에 붙어 있는 고사실 배치표를 확인하여 자신이 배정된 고사실을 확인합니다.
- 고사실에는 각 응시자의 이름이 적힌 좌석표가 자리마다 놓여 있으므로, 자신이 배정된 자리에 앉으면 됩니다.

③ 시험 보기 직전
- 시험 도중에는 화장실에 다녀올 수 없고, 만약 화장실에 가면 다시 입실할 수 없으므로 미리 다녀오는 것이 좋습니다.
- 시험 시작 전에 OMR 카드의 정보 기입란에 올바른 정보를 기입해 둡니다.

④ 시험 시
- 답안을 따로 마킹할 시간이 없으므로 풀면서 바로 마킹하는 것이 좋습니다.
- 영역별 시험 시간 제한 규정이 폐지되었으므로, 본인이 취약한 영역과 강한 영역에 적절히 시간을 배분하여 자유롭게 풀 수 있습니다. 단, 청취 시간에는 다른 응시자에게 방해가 되지 않도록 주의해야 합니다.
- 시험지에 낙서를 하거나 다른 응시자들이 알아볼 수 있도록 큰 표시를 하는 것은 부정행위로 간주되므로 주의해야 합니다. 수험자 본인만 인지할 수 있는 작은 표시는 허용됩니다.
- OMR 카드의 정답 마킹란이 90번까지 제공되지만, 지텔프 Level 2의 문제는 80번까지만 있으므로 81~90번까지의 마킹란은 공란으로 비워두면 됩니다.

〈OMR 카드와 좌석표 미리보기〉

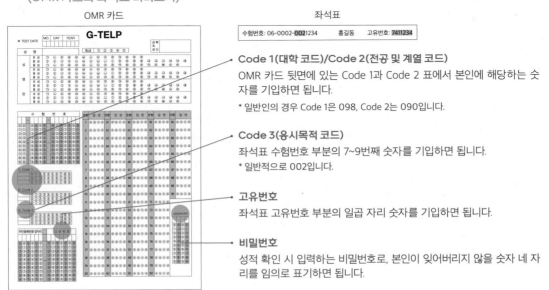

OMR 카드

좌석표

수험번호: 06-0002-0021234   홍길동   고유번호: 7411234

Code 1(대학 코드)/Code 2(전공 및 계열 코드)
OMR 카드 뒷면에 있는 Code 1과 Code 2 표에서 본인에 해당하는 숫자를 기입하면 됩니다.
* 일반인의 경우 Code 1은 098, Code 2는 090입니다.

Code 3(응시목적 코드)
좌석표 수험번호 부분의 7~9번째 숫자를 기입하면 됩니다.
* 일반적으로 002입니다.

고유번호
좌석표 고유번호 부분의 일곱 자리 숫자를 기입하면 됩니다.

비밀번호
성적 확인 시 입력하는 비밀번호로, 본인이 잊어버리지 않을 숫자 네 자리를 임의로 표기하면 됩니다.

지텔프 시험 미리보기

GRAMMAR 문법

빈칸에 알맞은 문법 사항을 고르는 유형입니다. 1번부터 26번까지의 총 26문제가 출제됩니다.

문제 형태

1. Nick can't believe he missed seeing his favorite team win the championship match because he was too busy working. If he had taken an earlier shift that day, he _____ the game live on TV with his friends.

   (a) was watching
   (b) has been watching
   (c) would watch
   (d) would have watched

해설 if절에 had p.p.(had taken)가 있으므로 주절에는 이와 짝을 이루어 가정법 과거완료를 만드는 'would + have p.p.'가 와야 합니다. 따라서 (d) would have watched가 정답입니다.

LISTENING 청취

두 사람의 대화 혹은 한 사람의 담화를 듣고, 그와 관련된 6~7문제의 정답을 고르는 유형입니다. 27번부터 52번까지의 총 26문제가 출제됩니다.

문제 형태

[문제지]

27. (a) where she went on vacation
    (b) how she liked her trip
    (c) why she visited the hot spring
    (d) when she will travel next

[음성]

Number 27. What did Stanley ask Claire?

M: Hi, Claire! Did you enjoy your trip to the hot spring?
F: Hello, Stanley! I definitely did. There were so many things I loved about the tour.

Number 27. What did Stanley ask Claire?

해설 Stanley는 Claire에게 온천 여행을 즐겼는지를 묻고 있으므로 (b) how she liked her trip(여행이 얼마나 좋았는지)이 정답입니다.

READING AND VOCABULARY 독해 및 어휘

지문을 읽고, 그와 관련된 7문제의 정답을 고르는 유형입니다. 53번부터 80번까지의 총 28문제가 출제됩니다.

문제 형태

[지문]

PHILLIS WHEATLEY

Phillis Wheatley was a poet who lived during the middle to late 1800s. She is best remembered as the first African American and only the third woman in the United States at the time to have her work published.

Phillis Wheatley was born in 1753 in either present-day Senegal or Gambia. When she was eight years old, she was sold into slavery. She was taken to Boston to work as a servant for John and Susanna Wheatley. Unlike other slave owners, they tutored Wheatley in reading and writing. Soon, she even became proficient in translating Greek and Latin passages into English. Around the age of 14, she began writing her first poems, which dealt with mature themes like morality and freedom.

To develop her literary gifts, the Wheatley family continued to educate her. In 1773, they brought her to England in hopes of finding a publisher for a poetry collection she had been working on. The book, entitled *Poems on Various Subjects, Religious and Moral*, featured a forward signed by Boston notables including John Hancock. These signatures proved that Wheatley was indeed the author of the work.

[문제]

53. What is Phillis Wheatley most famous for?

    (a) writing about life in America

    (b) supporting female writers

    (c) being a pioneering author

    (d) reciting poetry in Africa

해설 1단락에서 필리스 휘틀리는 당시에 그녀의 작품을 출간한 첫 번째 아프리카계 미국인이자, 미국에서 여성으로서 세 번째로 자신의 작품을 출간한 것으로 가장 잘 기억된다고 했습니다. 따라서 그녀는 선구적인 작가로 유명하다는 것을 알 수 있으므로, (c) being a pioneering author(선구적인 작가인 것)가 정답입니다.

지텔프 성적 확인 및 활용처

📢 지텔프 성적 확인 방법

성적표는 온라인으로 출력(1회 무료)하거나 우편으로 수령할 수 있으며, 수령 방법은 접수 시 선택 가능합니다. (성적 발표일도 시험 접수 시 확인 가능)

▌성적표 미리보기

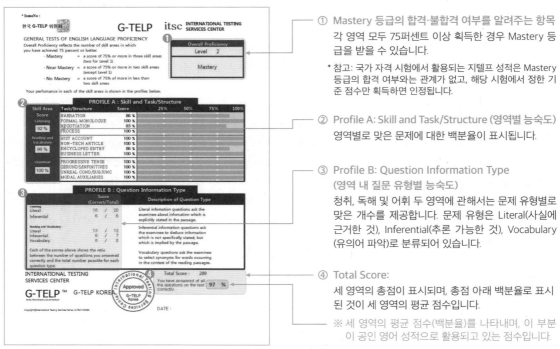

① Mastery 등급의 합격·불합격 여부를 알려주는 항목
각 영역 모두 75퍼센트 이상 획득한 경우 Mastery 등급을 받을 수 있습니다.

* 참고: 국가 자격 시험에서 활용되는 지텔프 성적은 Mastery 등급의 합격 여부와는 관계가 없고, 해당 시험에서 정한 기준 점수만 획득하면 인정됩니다.

② Profile A: Skill and Task/Structure (영역별 능숙도)
영역별로 맞은 문제에 대한 백분율이 표시됩니다.

③ Profile B: Question Information Type
(영역 내 질문 유형별 능숙도)
청취, 독해 및 어휘 두 영역에 관해서는 문제 유형별로 맞은 개수를 제공합니다. 문제 유형은 Literal(사실에 근거한 것), Inferential(추론 가능한 것), Vocabulary(유의어 파악)로 분류되어 있습니다.

④ Total Score:
세 영역의 총점이 표시되며, 총점 아래 백분율로 표시된 것이 세 영역의 평균 점수입니다.

※ 세 영역의 평균 점수(백분율)를 나타내며, 이 부분이 공인 영어 성적으로 활용되고 있는 점수입니다.

📢 지텔프 점수 계산법

점수는 아래의 공식으로 산출할 수 있습니다. 총점과 평균 점수의 경우, 소수점 이하 점수는 올림 처리합니다.

각 영역 점수 : 맞은 개수 × 3.75
평균 점수 : 각 영역 점수 합계 ÷ 3

예) 문법 23개, 청취 5개, 독해 및 어휘 10개 맞혔을 시,
문법 23 × 3.75 = 86.25점 **청취** 5 × 3.75 = 18.75점 **독해 및 어휘** 10 × 3.75 = 37.5점
→ **평균 점수** (86.25 + 18.75 + 37.5) ÷ 3 = 48점

📢 지텔프 성적 활용처

국가 자격 시험	기준 점수
군무원 9급	32점
소방공무원 (소방장·소방교·소방사)	43점
경찰공무원 (경사·경장·순경)	43점
군무원 7급	47점
소방공무원 가산점 1점	48점
경찰공무원 가산점 2점	48점
소방간부 후보생	50점
경찰간부 후보생	50점

* 그 외 공공기관 및 기업체에서도 지텔프 성적을 활용하고 있으며 지텔프 홈페이지에서 모든 활용처를 확인할 수 있습니다.

초단기 완성 학습 플랜

📣 **3일** 완성 학습 플랜

짧은 기간에 집중적으로 공부하여 빠르게 점수를 얻고자 하는 학습자

· 매일 2개 챕터씩 학습하여 정답 찾는 공식을 모두 익힌 뒤, 마지막 날 실전모의고사를 실제 시험처럼 풀어보며 정답 찾는 공식을 적용해 보고 실전 감각을 기릅니다.
· 시험장에 가기 직전에 청취 & 독해 벼락치기 특강을 훑어보고 시험 진행 방식 및 문제풀이 공략법을 빠르게 파악합니다.

1일	2일	3일
☐ Chapter 1 학습 ☐ Chapter 2 학습	☐ Chapter 3 학습 ☐ Chapter 4 학습	☐ Chapter 5 학습 ☐ Chapter 6 학습 ☐ 실전모의고사 문제풀이 및 오답분석 ☐ **청취 & 독해 벼락치기 특강** 학습

📣 **5일** 완성 학습 플랜

시험 전 총정리를 통해 더욱 꼼꼼하게 대비하고자 하는 학습자

· 첫날에는 초스피드 기본 개념을 통해 본격적인 학습을 시작하기 전에 기본 문법 개념을 익힙니다.
· 매일 1~2개 챕터씩 학습하여 정답 찾는 공식을 모두 익힌 뒤, 마지막 날 실전모의고사를 실제 시험처럼 풀어보며 정답 찾는 공식을 적용해 보고 실전 감각을 기릅니다.
· 시험장에 가기 직전에 실전모의고사 오답분석을 통해 취약 영역을 파악한 뒤, 청취 & 독해 벼락치기 특강을 훑어보고 시험 진행 방식 및 문제풀이 공략법을 빠르게 파악합니다.

1일	2일	3일	4일	5일
☐ 지텔프 문법이 쉬워지는 초스피드 기본 개념 학습 ☐ Chapter 1 학습	☐ Chapter 2 학습 ☐ Chapter 3 학습	☐ Chapter 4 학습 ☐ Chapter 5 학습	☐ Chapter 6 학습 ☐ 실전모의고사 문제풀이	☐ 실전모의고사 오답분석 및 총정리 ☐ **청취 & 독해 벼락치기 특강** 학습

📢 10일 완성 학습 플랜

일일 학습량에 대한 부담을 줄여 더욱 완벽하게 대비하고자 하는 학습자

· 첫날에는 초스피드 기본 개념을 통해 기본 문법 개념을 익힙니다.

· 매일 1개 챕터씩 학습하여 정답 찾는 공식을 꼼꼼하게 익힙니다.

· 6개 챕터의 학습을 모두 마친 후에는 실전모의고사를 실제 시험처럼 풀어보며 정답 찾는 공식을 적용해 보고 실전 감
  각을 기릅니다.

· 청취 벼락치기 특강의 연습 문제를 직접 들으며 풀어 보고 청취 영역의 시험 진행 방식을 익힙니다.

· 독해 및 어휘 벼락치기 특강의 연습 문제를 풀어 보고 지문의 흐름 및 빈출 문제를 파악합니다.

1일	2일	3일	4일	5일
☐ 지텔프 문법이 쉬워지는 초스피드 기본 개념 학습	☐ Chapter 1 학습	☐ Chapter 2 학습	☐ Chapter 3 학습	☐ Chapter 4 학습
6일	**7일**	**8일**	**9일**	**10일**
☐ Chapter 5 학습	☐ Chapter 6 학습	☐ 실전모의고사 문제풀이 및 오답분석	☐ 청취 벼락치기 특강 학습	☐ 독해 및 어휘 벼락치기 특강 학습

1. 품사

명사

사람, 사물, 추상적인 감정 등 모든 것의 이름이다.

가산명사

명사 중 **수를 셀 수 있는 것들을 가리키는 명사**를 가산명사라고 한다.
가산명사는 하나일 때는 단수, 둘 이상일 때는 복수로 써야 한다.

단수	a book	one child	a room	an apple
복수	books	two children	many rooms	a few apples

I had **an apple** and **a sandwich** for breakfast.
나는 아침으로 사과와 샌드위치를 먹었다.

Jane has **three books** and **many pens** in her bag.
Jane은 가방 안에 세 권의 책과 많은 펜을 가지고 있다.

불가산명사

명사 중 **수를 셀 수 없는 것들을 가리키는 명사**를 불가산명사라고 한다.
불가산명사는 수를 셀 수 없기 때문에 단수로 a(n)/one 등과 함께 쓸 수 없고, 끝에 -(e)s가 붙은 복수형으로도 쓸 수 없다.

고유명사

고유명사란 인명, 지명과 같이 **세상에 하나밖에 없는 고유한 것의 이름**이다.

(ex) Yuna, David, Seoul, Korea, the Amazon

David lives in **Seoul**, which is the capital of **Korea**.
David은 서울에 사는데, 그것은 한국의 수도이다.

추상명사

추상명사란 사랑, 슬픔 등 **실제 형태가 없는 추상적인 개념의 이름**이다.

(ex) love, sadness, anger, joy

Anger is a strong emotion.
화는 강력한 감정이다.

물질명사

물질명사란 공기, 물처럼 **고정된 형태가 없어 모양이 다양하게 바뀌는 물질의 이름**이다. 가구나 돈처럼 모양이 다른 다양한 종류의 것들을 포괄적으로 가리키는 명사들도 포함한다.

(ex) air, water, sugar, snow, furniture, jewelry, money

Snow fell from the sky.
하늘에서 눈이 내렸다.

대명사

이름 대신 '그/그들', '이것/저것' 등으로 대신 가리키는 말이다.

인칭 대명사

인칭대명사는 **특정한 사람이나 사물을 가리키는 대명사**로, 가리키는 대상의 인칭/성별/역할에 따라 형태가 다르다.

인칭	수	주격	소유격 (~의)	목적격	소유 대명사 (~의 것)	재귀대명사 (~자신, 스스로)
1인칭	단수	I	my	me	mine	myself
	복수	we	our	us	ours	ourselves
2인칭	단수	you	your	you	yours	yourself
	복수	you	your	you	yours	yourselves
3인칭	단수(남성)	he	his	him	his	himself
	단수(여성)	she	her	her	hers	herself
	단수(사물)	it	its	it	-	itself
	복수	they	their	them	theirs	themselves

Tom gave **me** a present. **It** was a necklace.
Tom은 나에게 선물을 주었다. 그것은 목걸이였다.

She introduced **herself** to **my** friends.
그녀는 그녀 자신을 나의 친구들에게 소개했다.

지시·부정 대명사

지시대명사는 **특정한 대상을 지시하는 대명사**이며, 부정대명사는 앞서 말한 명사의 반복을 피하기 위해 쓰지만, **특정한 대상이 아닌 불특정한 대상을 가리키는 대명사**이다.

지시대명사	this/these	that/those		
부정대명사	all	most	few/a few	little/a little
	one(s)	another	other	
	both	either	neither	
	some	any	none	
	-thing/-body/-one (something/anybody 등)			

That is my father's car, and **this** is my bike.
그것은 나의 아버지의 차이고, 이것은 나의 자전거이다.

I drew **some** of the pictures. You can have **one** if you want to.
나는 그림을 몇 개 그렸어. 네가 원한다면 한 개를 가져도 돼.

※ 대부분의 지시·부정대명사는 명사 앞에 와서 명사의 수량 또는 범위를 한정해 주는 한정사이기도 하며, 한정사는 명사를 수식한다는 점에서 형용사로 보기도 한다.

These are really beautiful flowers.
대명사
이것들은 정말 아름다운 꽃이다.

These flowers are really beautiful.
한정사(형용사) 명사
이 꽃들은 정말 아름답다.

동사

행위/동작을 나타내거나, 상태/존재를 서술하는 말이다. 동사는 주어가 단수인지 복수인지, 동사가 나타내는 행위가 언제 일어난 일인지 등에 따라 형태가 다양하게 변한다.

be동사

be동사는 '~이다', '(~에) 있다'의 뜻으로, **상태/존재를 서술하기 위한 동사**이다.

원형	현재형	과거형
be	am/is/are	was/were

Sean **is** a high-school student.
Sean은 고등학교 학생이다.

They **were** at the soccer stadium yesterday.
그들은 어제 축구 경기장에 있었다.

일반동사

일반동사는 '뛰다', '걷다'와 같이 **일반적인 행위/동작을 나타내거나**, '가지고 있다', '좋아하다'와 같이 **상태를 나타내는 동사**이다.

ex 원형	현재형	과거형
run	run/runs	ran
walk	walk/walks	walked
have	have/has	had
like	like/likes	liked

The cheetah **runs** very fast and **goes** hunting during the day.
치타는 매우 빠르게 달리고 낮 동안 사냥을 간다.

My brother **had** a robot which he really **liked**.
나의 남동생은 그가 정말 좋아했던 로봇을 가지고 있었다.

조동사

조동사는 **동사를 의미적으로 돕는 동사**로, 동사원형 앞에 온다.

can	가능성(~할 가능성이 있다), 능력(~할 수 있다), 허가(~해도 된다)
may	허가(~해도 된다), 약한 추측(~일지도 모른다)
might	불확실한 추측(~일지도 모른다)
will	미래/예정(~할 것이다), 의지(~하겠다)
should	의무/당위성(~해야 한다), 충고/조언(~하는 것이 좋겠다)
must	의무(~하지 않으면 안 된다), 강한 확신(~임이 틀림없다)

Patrick **can** speak Italian.
Patrick은 이탈리아어를 할 수 있다.

Drivers **should** let pedestrians cross the street first.
운전자들은 보행자들이 먼저 길을 건너게 해야 한다.

준동사

동사의 형태가 변해서 동사가 아닌 명사/형용사/부사 등의 역할을 하는 것이다. 준동사에는 동명사·to 부정사·분사(현재분사 또는 과거분사)가 있다.

동명사

동명사는 **동사 끝에 -ing가 붙은 형태**로, '~하는 것', '~하기'와 같은 뜻이며, **명사 역할**을 한다.

(ex) **talk** 이야기하다 → **talking** 이야기하는 것   **write** 쓰다 → **writing** 쓰기

I enjoy **talking** with my friends.   나는 친구와 이야기하는 것을 즐긴다.

to 부정사

to 부정사는 「**to + 동사원형**」 형태로, **명사/형용사/부사 등 다양한 역할**을 하며, 역할에 따라 다양한 의미를 갖는다.

명사 역할	'~하는 것', '~하기'	**To steal** other people's belongings is a crime. 다른 사람의 소지품을 훔치는 것은 범죄이다.
형용사 역할	'~하는', '~할'	My sister brought a snack **to eat**. 내 여동생은 먹을 간식을 가져왔다.
부사 역할	'~하기 위해'(목적)	Sam studied hard **to pass** the test. Sam은 시험에 통과하기 위해 열심히 공부했다.
	'~해서'(이유)	I'm so happy **to meet** you. 나는 너를 만나서 매우 기쁘다.
	'~하다니'(판단의 근거)	He must be kind **to help** old people. 노인들을 돕다니 그는 친절함이 틀림없다.
	'~하기에'(형용사 수식)	My coffee is too hot **to drink**. 내 커피는 마시기에 너무 뜨겁다.
	'(~한 결과) ~하다'(결과)	Amy grew up **to be** a scientist. Amy는 자라서 과학자가 되었다.

분사

분사는 **동사 끝에 -ing가 붙은 현재분사**와 **-ed가 붙거나 불규칙하게 변하는 과거분사**로 나뉘며, **형용사의 역할**을 한다.

현재분사

현재분사는 '~하고 있는', '~하는'의 진행/능동의 의미를 가진 분사이다.

(ex) **jump** 뛰다 → **jumping** 뛰고 있는, 뛰는
sit 앉다 → **sitting** 앉아 있는, 앉는

We watched the **jumping** rabbit.   우리는 뛰고 있는 토끼를 봤다.

과거분사

과거분사는 '~해진', '~된'의 완료/수동의 의미를 가진 분사이다.

(ex) **lock** 잠그다 → **locked** 잠긴
break 깨뜨리다, 부수다 → **broken** 깨진, 부서진

I tried to find the key for the **locked** door.
나는 잠긴 문의 열쇠를 찾으려고 시도했다.

※ 분사는 분사구문으로 쓰여 '언제/왜' 등의 부가적인 정보를 제공하는 부사의 역할을 하기도 한다.
Cleaning my room, I always listen to music.
(= When I clean my room, I always listen to music.)
내 방을 청소할 때, 나는 언제나 음악을 듣는다.

형용사

명사를 앞/뒤에서 수식하거나, 사람이나 사물의 성질/상태 등을 나타내는 보어 역할을 하는 말이다.

명사 수식
He is a **famous** actor.　그는 유명한 배우이다.

There is a cat **asleep** under the chair.　의자 밑에 잠든 고양이가 있다.

보어 역할
The movie was **scary**.　그 영화는 무서웠다.
　주어　　동사　주격 보어

The gold medal made Jenny **proud**.　금메달은 Jenny를 자랑스럽게 했다.
　　주어　　　　동사　　목적어　목적격 보어

부사

명사 이외의 것을 수식하여, '언제/어디에서/어떻게/왜' 등의 부가적인 정보를 제공하는 수식어이다.

Since his bus came **very** late, he had to walk **quickly** to arrive on time.
그의 버스가 매우 늦게 왔기 때문에, 그는 제시간에 도착하기 위해 빠르게 걸어야 했다.

Unfortunately, this year's festival has been canceled.
유감스럽게도, 올해의 축제는 취소되었다.

전치사

명사(구) 앞에 오는 at, in 등과 같은 말로, 명사(구)와 함께 형용사 역할을 하거나, 부사처럼 부가적인 정보를 제공하는 역할을 한다.

형용사 역할
The children **at** the playground look happy.
놀이터에 있는 아이들은 행복해 보인다.

부사 역할
I visited my grandparents **during** vacation.
방학 동안에 나는 조부모님을 방문했다.

Jake goes to school **by** bus.
Jake는 버스로 학교에 간다.

접속사

'접속'이란 말에서 알 수 있듯이, 어떤 것을 다른 것에 연결하는 말이다.

등위접속사

등위접속사는 **단어와 단어, 구와 구, 절과 절을 대등하게 연결하는 접속사이다.** and/but/or가 등위접속사에 포함된다.

He prepared <u>flowers</u> **and** <u>presents</u>.　그는 꽃과 선물을 준비했다.
　　　　　　　　단어　　　　　　　단어

Her hobby is not <u>swimming in the pool</u> **but** <u>surfing at the beach</u>.
　　　　　　　　　　　　　명사구　　　　　　　　　　　　　　　명사구
그녀의 취미는 수영장에서 수영하는 것이 아니라 해변에서 서핑하는 것이다.

You can <u>walk to the museum</u>, **or** <u>I can take you in my car</u>.
　　　　　　　　　절　　　　　　　　　　　　　　　　절
너는 박물관에 걸어갈 수도 있고, 아니면 내가 너를 내 차로 태워다 줄 수도 있어.

종속접속사

종속접속사는 **절과 절을 연결하되, 하나의 절을 다른 절의 일부 성분으로 종속되는 상태로 연결하는 접속사이다.** 종속접속사에는 명사절 접속사와 부사절 접속사가 있다.

명사절 접속사

명사절 접속사는 **하나의 절이 명사처럼 다른 절의 주어/목적어/보어 역할을 하도록 연결하는 접속사이다.**

What <u>we have to do</u> will take a long time.
　　　　　　주어
우리가 해야 하는 일은 긴 시간이 걸릴 것이다.

I noticed **that** <u>Peter ate my hamburger</u>.
　　　　　　　　　목적어
나는 Peter가 내 햄버거를 먹었다는 것을 알아차렸다.

My concern is **whether** <u>she will arrive on time</u>.
　　　　　　　　　　　　보어
나의 걱정은 그녀가 제시간에 도착할 것인지의 여부이다.

부사절 접속사

부사절 접속사는 **하나의 절이 부사처럼 '언제/왜' 등의 부가적인 정보를 제공하는 수식어 역할을 하도록 연결하는 접속사이다.**

I always drink tea **when** <u>it rains</u>.
　　　　　　　　　수식어(언제)
나는 비가 올 때면 항상 차를 마신다.

Frank went to bed early **because** <u>he was so tired</u>.
　　　　　　　　　　　　　수식어(왜)
Frank는 그가 너무 피곤했기 때문에 일찍 잠자리에 들었다.

의문사

묻고자 하는 것을 가리키는 말로, what/which/who(m)/whose 또는 when/where/how/why 등을 가리킨다.

의문대명사

의문대명사는 묻고자 하는 것이 사람/사물 등의 명사일 때 쓰는 what/which/who(m)/whose를 가리킨다. 의문대명사는 명사를 대신하는 대명사 역할을 하므로, 문장에서 주어/목적어/보어 역할을 한다.

What is hanging on the wall? – It is a portrait.
벽에 걸려 있는 것은 무엇이니? - 그것은 초상화야.

Who is that girl over there? – She is my younger sister.
저기에 있는 저 소녀는 누구니? - 그녀는 내 여동생이야.

※ what/which/whose는 형용사와 같이 명사 앞에 올 수도 있으며, 이때 의문형용사라고 부른다.
「what/which + 명사」는 '어떤 ~'이란 뜻이며, 「whose + 명사」는 '누구의 ~'이란 뜻이다.

Which bag do you prefer? – The black one.
너는 어떤 가방을 선호하니? - 검은색의 것을 (선호해).

Whose bike is it? – It's mine.
그것은 누구의 자전거니? - 그것은 내 것이야.

의문부사

의문부사는 묻고자 하는 것이 '언제/어디서/어떻게/왜' 등의 정보를 나타내는 부사일 때 쓰는 when/where/how/why를 가리킨다. 부사와 같이 문장에서 부가적인 수식어 역할을 한다.

Where did you go last summer? – I went to the beach.
지난여름에 너는 어디에 갔니? - 나는 해변에 갔어.

Why didn't you come to the party? – I had to finish my homework.
너는 왜 파티에 오지 않았니? - 나는 내 숙제를 끝내야 했어.

관계사

두 문장의 공통적인 요소 중 하나를 대신하면서 그 두 문장을 한 문장으로 연결하는 말로, which/who(m)/that 또는 when/where/why/how 등을 가리킨다. 관계사로 연결한 절은 앞에 있는 명사인 선행사를 수식하거나, 선행사에 대해 부연 설명하는 역할을 한다. 관계절의 형태는 '관계사 (+ 주어) + 동사 ~'이다.

관계대명사

관계대명사는 **주어/목적어 등을 대신하는 which/who(m)/that**을 가리키며, 관계대명사 뒤에는 문장의 필수 성분을 모두 갖추지 않은 불완전한 절이 온다.

I have a friend. + He is from Canada.
나는 친구가 있다. + 그는 캐나다에서 왔다.

I have a friend **who[that]** is from Canada.   나는 캐나다에서 온 친구가 있다.

The crown is expensive. + It is made of gold.
그 왕관은 비싸다. + 그것은 금으로 만들어져 있다.

The crown **which[that]** is made of gold is expensive.

금으로 만들어진 그 왕관은 비싸다.

※ 관계대명사는 선행사의 종류와 격에 따라 다르게 쓴다.

선행사 \ 격	주격	목적격	소유격
사람	who	who(m)	whose
사물, 동물	which	which	whose / of which
사람, 사물, 동물	that	that	-

He is a great mentor **whom[who]** I can lean on.

그는 내가 기댈 수 있는 훌륭한 멘토이다.

She has a friend **whose** name is the same as hers.

그녀는 그 친구의 이름이 그녀의 것과 같은 친구가 있다.

관계부사

관계부사는 '언제/어디서/왜/어떻게' 등을 나타내는 **부사를 대신하는 when/where/why/how**를 가리키며, 관계부사 뒤에는 주어, 동사, 목적어, 보어 등 문장의 필수 성분을 모두 갖춘 완전한 절이 온다.

Do you remember the day? Jessica won the award that day.
너 그날을 기억하니? 그날 Jessica가 상을 탔잖아.

Do you remember **the day when** Jessica won the award?

너 Jessica가 상을 탔던 그날을 기억하니?

The station is on Main Street. You can take an express train there.
그 역은 Main 가에 있어. 너는 거기에서 급행열차를 탈 수 있어.

The station where you can take an express train is on Main Street.

네가 급행열차를 탈 수 있는 역은 Main 가에 있어.

2. 구와 절

구

2개 이상의 단어가 모여 하나의 품사 역할을 하는 덩어리를 이루는 것으로, 명사구, 형용사구, 부사구가 있다.

명사구

명사구는 **명사와 같은 역할을 하는 어구**로, 주어/목적어/보어 자리에 쓸 수 있다. 동명사, to 부정사, 「의문사 + to 부정사」 등이 명사구에 속한다.

Exercising regularly is important.
주어
규칙적으로 운동하는 것은 중요하다.

Mark wants **to be a pilot** in the future.
목적어
Mark는 미래에 조종사가 되기를 원한다.

The question is **how to find the stolen wallet**.
보어
관건은 도둑맞은 지갑을 어떻게 찾을 것인지이다.

형용사구

형용사구는 **형용사와 같은 역할을 하는 어구**로, 명사를 수식하거나 보어 자리에 쓸 수 있다. 「전치사 + 명사(구)」, to 부정사, 분사 등이 형용사구에 속한다.

The ships **in the harbor** are ready for departure.
항구에 있는 배들은 출발을 위한 준비가 되어 있다.

I need a friend **to share my secrets with**.
나는 내 비밀을 함께 나눌 친구가 필요해.

The new video game seemed **more fascinating** than it actually was.
주어 　　　　　 동사 　　　　 주격 보어
그 새로운 비디오 게임은 이전에 그랬던 것보다 더 매력적으로 보였다.

부사구

부사구는 **부사와 같은 역할을 하는 어구**로, 명사 이외의 것을 수식하면서 '언제/어디에서/왜' 등의 부가적인 정보를 제공하는 수식어이다. 「전치사 + 명사(구)」, to 부정사, 분사구문 등이 부사구에 속한다.

He was dancing **on the stage**.
수식어(어디에서)
그는 무대에서 춤추고 있었다.

She took a plane **to go to Hawaii**.
수식어(왜)
그녀는 하와이로 가기 위해 비행기에 탔다.

Watching the movie, I ate popcorn.
수식어(언제)
그 영화를 볼 때, 나는 팝콘을 먹었다.

절

「(주어) + 동사」가 포함된 여러 단어가 모여 하나의 품사 역할을 하는 덩어리를 이루는 것으로, 크게 등위절과 종속절이 있으며, 종속절은 다시 명사절, 형용사절, 부사절로 나뉜다.

등위절

등위절은 and/but/or(등위접속사)로 대등하게 연결된 절을 가리킨다.

I went to the gym and **I exercised for an hour**.
　　　　절　　　　　　　　　　　절
나는 체육관에 가서 한 시간 동안 운동했다.

You can buy the book or **you can borrow it from the library**.
　　　　절　　　　　　　　　　　　절
너는 그 책을 살 수도 있고 혹은 그것을 도서관에서 빌릴 수도 있어.

종속절

종속절은 **종속접속사와 관계사로 연결되어, 주어/목적어/보어/수식어 등 다른 절의 일부로서 역할을 하는 절**을 가리킨다.

명사절

명사절은 **명사와 같이 주어/목적어/보어 자리에 쓸 수 있는 절**로, that/what 등의 명사절 접속사가 이끄는 절을 가리킨다.

I couldn't believe **that he lied to me**.
　　　　　　　　　　목적어
나는 그가 나에게 거짓말을 했다는 것을 믿을 수가 없었어.

What made our life comfortable is the discovery of electricity.
　　　　　　　주어
우리의 인생을 편리하게 만든 것은 전기의 발견이다.

형용사절 = 관계절

형용사절은 **형용사와 같이 명사를 수식하는 절**로, who/which/that/where 등의 관계사가 이끌기 때문에 관계절이라고도 불린다.

I traveled to France with my friend **who speaks French very well**.
나는 프랑스어를 매우 잘하는 나의 친구와 함께 프랑스를 여행했다.

Mary left the town **where she spent her childhood**.
Mary는 그녀의 어린 시절을 보냈던 고향을 떠났다.

부사절

부사절은 **부사와 같이 명사 이외의 것을 수식하면서 '언제/왜' 등의 부가적인 정보를 제공하는 절**로 when/while/if/because 등의 부사절 접속사가 이끄는 절을 가리킨다.

Jack washed the dishes **while I swept the floor**.
　　　　　　　　　　　　　　수식어(언제)
Jack은 내가 바닥을 쓰는 동안 설거지를 했다.

If you bring your student ID, you'll get a discount.
　　　수식어(조건)
만약 네가 학생증을 가져오면, 너는 할인을 받을 수 있을 것이다.

3. 문장 성분과 5형식

문장 성분

하나의 문장을 구성하는 요소들을 가리킨다. 문장 성분에는 필수 성분과 수식어가 있다.

필수 성분

주어, 동사, 목적어, 보어와 같이 문장을 구성하는 데 필수적으로 있어야 하는 요소들을 필수 성분이라고 부른다.

주어

주어(Subject)는 **문장의 주체**를 가리킨다. 명사나 대명사, 명사구와 명사절처럼 명사 역할을 하는 것들이 주어 자리에 올 수 있다.

The boy is running at the playground.
주어(S)
그 소년은 운동장에서 뛰고 있는 중이다.

동사

동사(Verb)는 **주어의 행위나 상태를 나타내는 말**이다.

Mr. Smith **teaches** math in school.
주어(S)　　　동사(V)
Mr. Smith는 학교에서 수학을 가르친다.

목적어

목적어(Object)는 **동사가 나타내는 행위의 대상**을 가리킨다. 주어와 마찬가지로 명사 역할을 하는 것들이 목적어 자리에 올 수 있다.

Jimmy baked **an apple pie** this morning.
주어(S)　동사(V)　　　목적어(O)
Jimmy는 오늘 아침에 사과파이를 구웠다.

보어

보어(Complement)는 동사만으로는 **주어나 목적어에 대한 설명이 불완전할 때 보충해주는 말**이다. 주어를 보충 설명하는 주격 보어(Subjective Complement), 목적어를 보충 설명하는 목적격 보어(Objective Complement)가 있으며 보어 자리에는 명사 역할을 하는 것이나 형용사 역할을 하는 것들이 올 수 있다.

Emily is **a musician**.
주어(S) 동사(V) 주격 보어(SC)
Emily는 음악가이다.

You should keep your room **clean**.
주어(S)　　　동사(V)　　　목적어(O) 목적격 보어(OC)
너는 너의 방을 깨끗하게 유지해야 한다.

수식어
(부가 정보)

문장의 필수 성분은 아니지만, 내용이 좀 더 풍부하도록 부가적인 정보를 제공하는 말을 수식어라고 부른다. 형용사 역할을 하는 것이나, 부사 역할을 하는 것이 수식어 자리에 올 수 있다.

In the morning, I buy a cup of coffee **to drink**.
　　수식어　　　주어(S) 동사(V)　　목적어(O)　　수식어
아침에, 나는 마실 커피 한 잔을 산다.

The resort is **certainly** a good vacation spot **that has a wonderful beach**.
　주어(S)　동사(V)　수식어　　　　주격 보어(SC)　　　　　　수식어
그 리조트는 아름다운 해변이 있는 확실히 좋은 휴양지이다.

문장의 5형식

「주어 + 동사」를 기본으로, 다른 필수 성분을 더해서 만드는 영어 문장의 5가지 형태를 가리킨다. 문장에 다양한 수식어가 있을 수 있지만, 수식어는 문장 형식에 영향을 미치지 않으며, 모든 영어 문장은 5형식 중 하나의 형식에 속한다.

1형식
S+V

「주어 + 동사」로 구성된 문장을 말한다. '언제/어디서' 등을 나타내는 다양한 수식어가 붙을 수 있지만, 이 수식어를 제외하고 「주어 + 동사」만으로도 완전한 의미가 되는 문장이다.

The child cried. 그 아이는 울었다.
　　주어　　동사

My dog sleeps next to me. 나의 개는 내 옆에서 잔다.
　주어　　동사　　수식어

2형식
S+V+SC

「주어 + 동사 + 주격 보어」로 구성된 문장이다. 1형식 문장과는 달리, 주어의 성질 또는 상태 등을 설명하는 주격 보어가 포함되어야 완전한 의미가 되는 문장이다.

The plan seems impossible. 그 계획은 불가능해 보인다.
　　주어　　　동사　　주격 보어

You look beautiful in your new shoes. 네가 새 신발을 신은 것이 예뻐 보인다.
　주어　동사　주격 보어　　　수식어

3형식
S+V+O

「주어 + 동사 + 목적어」로 구성된 문장으로, 동사가 나타내는 행위의 대상, 즉 목적어까지 와야 완전한 의미가 되는 문장이다.

I love my family. 나는 내 가족을 사랑한다.
주어 동사　목적어

Tim met his uncle last weekend. Tim은 지난주에 그의 삼촌을 만났다.
　주어　동사　목적어　　　수식어

4형식
S+V+IO+DO

「주어 + 동사 + 간접목적어 + 직접목적어」로 이루어진 문장이다. 4형식 문장의 동사는 2개의 목적어, 즉 간접목적어(Indirect Object)와 직접목적어(Direct Object)를 가질 수 있는 동사인데, 이런 동사를 수여동사라고 부른다.

My girlfriend sent me a postcard. 내 여자친구는 나에게 엽서를 보냈다.
　　주어　　　　동사 간접목적어 직접목적어

※ 수여동사는 3형식 문장으로도 쓸 수 있다.
　　My girlfriend sent a postcard to me. 내 여자친구는 엽서를 나에게 보냈다.
　　　주어　　　동사　　목적어　　수식어

5형식
S+V+O+OC

「주어 + 동사 + 목적어 + 목적격 보어」로 이루어진 문장으로, 목적어에 대해 설명하는 목적격 보어까지 와야 완전한 의미가 되는 문장이다.

I think my sister kind. 나는 내 여동생이 친절하다고 생각한다.
주어 동사　목적어　목적격 보어

Sally got her bike stolen on Sunday. Sally는 일요일에 그녀의 자전거를 도둑맞았다.
　주어　동사　목적어　목적격 보어　　수식어

■ 함께 익혀 둘 문법 개념

문장의 형식은 동사에 의해 결정된다. 동사는 목적어 필요 여부에 따라 자동사와 타동사로 나눌 수 있고, 보어 없이도 의미가 완전한지 불완전한지에 따라 완전동사와 불완전동사로 나뉜다.

자동사

목적어 없이 혼자 써도 문장의 의미가 완전한 동사이다. 예를 들어 "I sleep well."이라는 문장의 동사 sleep은 목적어가 없어도 완전한 의미를 전달할 수 있다.

완전 자동사

완전 자동사란 **동사만으로 의미가 완전한 문장이 되는 동사**로, 이 동사들은 1형식 문장을 만든다.

<u>Charlie</u> **swims**.　　Charlie는 수영을 한다.
　주어　　　동사

<u>The mail</u> **arrived** yesterday.　　어제 메일이 도착했다.
　주어　　　　동사

불완전 자동사

불완전 자동사란 **목적어는 필요 없지만, 문장의 의미가 완전해지기 위해서는 주격 보어가 필요한 동사**를 말한다. 이 동사들은 2형식 문장을 만든다.

<u>This juice</u> **tastes** **sweet**.　　이 주스는 달콤한 맛이 난다.
　주어　　　　동사　　주격 보어

<u>The mountain road</u> **looks** **dangerous** to climb.　　그 산길은 오르기에 위험해 보인다.
　　주어　　　　　　　동사　　주격 보어

타동사

목적어와 함께 써야만 문장의 의미가 완전해지는 동사이다. 예를 들어 "I love."라는 문장은 무엇을 사랑하는지 알 수 없으므로 의미가 불완전하고, you/my dog 등의 목적어가 함께 와야 문장의 의미가 완전해진다.

완전 타동사

완전 타동사란 **목적어와 함께 쓰면 문장의 의미가 완전하여, 보어는 필요 없는 동사**를 말한다. 이 동사들은 3형식 문장을 만든다.

<u>Mr. Miller</u> **built** **a house**.　　Mr. Miller는 집을 지었다.
　주어　　　　동사　　목적어

<u>She</u> **resembles** **her mother** very much.　　그녀는 그녀의 어머니를 매우 많이 닮았다.
주어　　　동사　　　　목적어

불완전 타동사

불완전 타동사란 **목적어와 함께 써도 문장의 의미가 불완전하여 목적격 보어까지 필요한 동사**를 말한다. 이 동사들은 5형식 문장을 만든다.

<u>The judge</u> **considered** **him** **guilty**.　　판사는 그를 유죄로 간주했다.
　주어　　　　동사　　목적어 목적격 보어

<u>They</u> **elected** **Cindy** **a student president** last week.
주어　　　동사　　목적어　　　목적격 보어
그들은 지난주에 Cindy를 학생회장으로 선출했다.

※ 많은 동사들이 자동사/타동사의 의미, 완전동사/불완전동사의 의미를 모두 가지고 있으므로 문맥에서 어떤 뜻으로 쓰였는지를 잘 파악하는 것이 중요하다.

She **walked** in the park. 그녀는 공원에서 걸었다. - She **walks** **the dog** every day. 그녀는 개를 매일 산책시킨다.
　　자동사　　　　　　　　　　　　　　　　　　　　　　　　타동사　　목적어

4. 시제와 가정법

시제

동사의 형태를 바꾸어 일이나 동작이 일어난 시간을 나타내는 것이다. 과거/현재/미래 중 언제 일어나는지에 따라 시제가 달라지며, 형태에 따라 단순/진행/완료/완료진행으로 구분된다.

단순

단순 시제란 **특정한 시간에 발생한 일이나 상태를 나타내는** 시제이다.

단순과거
I **met** my cousins last weekend.
나는 지난주에 나의 조카들을 만났다.

단순현재
I **meet** my cousins about once a month.
나는 나의 조카들을 한 달에 한 번 정도 만난다.

단순미래
I **will meet** my cousins next Saturday.
나는 다음 주 토요일에 나의 조카들을 만날 것이다.

진행
(be + -ing)

진행 시제란 **주어진 시점에 동작이 진행 중임을 나타내는** 시제이다.

과거진행
We **were building** a fence yesterday.
우리는 어제 울타리를 치고 있는 중이었다.

현재진행
We **are building** a fence right now.
우리는 바로 지금 울타리를 치고 있는 중이다.

미래진행
We **will be building** a fence tomorrow at 2 p.m.
우리는 내일 오후 2시에 울타리를 치고 있는 중일 것이다.

완료
(have/has p.p.)

완료 시제란 **기준 시점보다 앞선 시점부터 발생한 일이나 상태가 기준 시점까지 계속되거나 영향을 주는 것을 나타내는** 시제이다.

과거완료
Ray **had played** in a band until he left the group.
Ray는 그가 그룹을 떠나기 전까지 밴드에서 연주했었다.

현재완료
Ray **has played** in a band for years but still has a lot to learn.
Ray는 수년간 밴드에서 연주해 왔지만, 아직도 배울 것이 많다.

미래완료
Ray **will have played** his first concert after he performs tomorrow.
Ray는 내일 그가 공연한 이후에 그의 첫 번째 콘서트에서 연주했을 것이다.

완료진행
(have/has been + -ing)

완료진행 시제란 **기준 시점보다 앞선 시점부터 발생한 일이나 동작이 기준 시점에도 계속 진행 중임을 나타내는** 시제로, 어떤 일이 일정 기간 동안 계속 진행되는 것을 더 강조할 때 쓴다.

과거완료진행
They **had been running** for an hour before the coach showed up.
그들은 코치가 나타나기 전까지 한 시간 동안 달려 오고 있던 중이었다.

현재완료진행
They **have been running** for an hour since practice began.
그들은 연습이 시작한 이래로 한 시간 동안 달려 오고 있는 중이다.

미래완료진행
They **will have been running** for an hour by the time practice ends.
그들은 연습이 끝날 무렵에 한 시간 동안 달려 오고 있는 중일 것이다.

가정법

사실과 반대되거나 실현 가능성이 거의 없는 일을 가정하여 말하는 것이며, 가정법에서는 실제보다 하나 앞선 시제의 동사를 사용한다.

가정법 과거

가정법 과거는 '만약 ~한다면 …할 텐데'의 의미로, **현재의 사실과 반대되거나 실현 가능성이 거의 없는 일을 가정**할 때 쓴다. 과거 동사를 사용하기 때문에 가정법 과거라고 부른다.

if절	주절
If + 주어 + 과거 동사 / were * ~	주어 + 조동사 과거형 would/could/might + 동사원형 ~

* 가정법 과거에서 if절의 동사가 be동사일 경우, 주어에 관계없이 항상 were를 사용한다.

If Kyle **had** extra money, he **would buy** the latest smartphone.
만약 Kyle에게 여분의 돈이 있다면, 그는 최신 스마트폰을 살 텐데.
(← Kyle에게 여분의 돈이 없으므로, 그는 최신 스마트폰을 사지 못한다.)

If the sky **were** clear, we **could see** the constellations.
만약 하늘이 깨끗하다면, 우리는 별자리들을 볼 수 있을 텐데.
(← 하늘이 깨끗하지 않으므로, 우리는 별자리들을 볼 수 없다.)

가정법 과거완료

가정법 과거완료는 '만약 ~했더라면 …했을 텐데'의 의미로, **과거의 사실과 반대되는 일을 가정**할 때 쓴다. 과거완료(had p.p.) 동사를 사용하기 때문에 가정법 과거완료라고 부른다.

if절	주절
If + 주어 + had p.p. ~	주어 + 조동사 과거형 would/could/might + have p.p. ~

If he **had shown** me a receipt, I **would have believed** his story.
그가 나에게 영수증을 보여줬다면, 나는 그의 이야기를 믿었을 텐데.
(← 영수증을 보여주지 않았으므로, 나는 그의 이야기를 믿지 못했다.)

If my mother **had kept** her necklace, I **would not have lost** it.
만약 나의 어머니가 그녀의 목걸이를 가지고 계셨다면, 나는 그것을 잃어버리지 않았을 텐데.
(← 목걸이를 어머니가 가지고 계시지 않았으므로, 나는 그것을 잃어버렸다.)

<table>
<tr><td>— 가정법
미래</td><td>가정법 미래는 '혹시라도 ~라면 …할 텐데'의 의미로, **일어날 가능성이 희박한 미래의 일을 가정할** 때 쓴다. 현재나 미래의 상황에 대한 강한 의심을 나타낼 때 사용하기도 한다. 미래의 일을 가정하기 때문에 가정법 미래라고 부른다.</td></tr>
</table>

if절	주절
If + 주어 + should + 동사원형 ~	주어 + will/can/may/should + 동사원형 ~

If my brother **should become** prime minister, he **may ban** homework.
혹시라도 나의 남동생이 수상이 된다면, 그는 숙제를 금지할 텐데.
(← 나의 남동생이 수상이 될 일은 거의 없지만, 수상이 된다면 숙제를 금지할 것이다.)

If I **should gain** a great fortune, I **will give** it all to my parents.
혹시라도 내가 엄청난 부를 얻는다면, 나는 그 모든 것을 부모님께 드릴 텐데.
(← 내가 엄청난 부를 얻을 일은 거의 없지만, 얻는다면 모두 부모님께 드릴 것이다.)

— 혼합
가정법

혼합가정법은 '만약 ~했더라면 …할 텐데'의 의미로, **과거의 사실과 반대되는 일이 현재까지 영향을 미치는 상황을 가정**하여 표현할 때 쓴다. 가정법 과거완료와 가정법 과거가 혼합된 형태의 가정법이기 때문에 혼합가정법이라고 부른다. 보통 주절에 now 등의 현재 시간 표현이 있다.

if절 (가정법 과거완료)	주절 (가정법 과거)		
If + 주어 + had p.p. ~	주어 +	조동사 과거형 would/could/might	+ 동사원형 ~

If I **had taken** my phone with me, I **wouldn't feel** so bored **right now**.
만약 내가 휴대폰을 챙겨왔다면, 나는 바로 지금 이렇게나 지루하지 않을 텐데.
(← 과거에 휴대폰을 챙겨오지 않았으므로, 지금 지루해하고 있다.)

If Bob **had told** me the truth, I **wouldn't be** upset with him **now**.
만약 Bob이 나에게 진실을 말했었다면, 나는 지금 그에게 화가 나 있지 않을 텐데.
(← 과거에 Bob이 나에게 진실을 말하지 않았으므로, 나는 지금 그에게 화가 나 있다.)

CHAPTER 1
시제

최신 지텔프 출제경향 ─────────────────────○

6개의 진행 시제가 매회 1문제씩 꼭 출제된다.

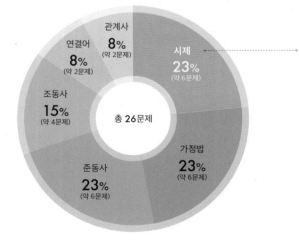

현재진행	약 1문제
과거진행	약 1문제
미래진행	약 1문제
현재완료진행	약 1문제
과거완료진행	약 1문제
미래완료진행	약 1문제

해커스 지텔프 문법
정답 찾는 공식 28
Level 2

지텔프·경찰·소방·군무원 시험정보 및 학습자료

Hackers.co.kr

정답 찾는 공식 01	right now가 있으면 현재진행 시제가 정답이다.
정답 찾는 공식 02	'when + 주어 + 과거 동사'가 있으면 과거진행 시제를 고른다.
정답 찾는 공식 03	'when + 주어 + 현재 동사'가 있으면 미래진행 시제가 온다.
정답 찾는 공식 04	'since + 과거 시점'이 있으면 현재완료진행 시제를 쓴다.
정답 찾는 공식 05	'before + 주어 + 과거 동사'가 있으면 과거완료진행 시제가 정답이다.
정답 찾는 공식 06	'by the time + 주어 + 현재 동사'와 'for + 기간'이 있으면 미래완료진행 시제가 온다.

정답 찾는 공식 01 | right now가 있으면 현재진행 시제가 정답이다.

대표 문제로 정답 찾는 공식 확인하기

Kate wants to play a song on the piano for her friend at her birthday party next Saturday. ❶Right now, she _____ the number in the living room.

(a) will practice
❷(b) is practicing
(c) practiced
(d) has been practicing

❶ 빈칸 문장에 Right now가 있다.

❷ 따라서 right now(바로 지금)와 함께 쓰여 현재 진행 중인 동작을 나타내는 현재진행 시제 (b) is practicing이 정답이다.

➕ 이것도 알면 만점

○ 빈칸 문장에 다음의 시간 표현이 있어도 현재진행 시제가 정답이다.

현재진행 시제와 함께 쓰이는 시간 표현

> **now** 지금 **currently** 현재 **at the moment** 바로 지금 **as of this moment** 이 순간 **at this time** 지금
> **at present** 현재 **at this very moment** 지금 이 순간에 **nowadays** 요즘 **these days** 요즘

The biology students <u>are taking</u> a test **now**. 생물학과 학생들은 지금 시험을 치르고 있는 중이다.

At the moment, Heather and David <u>are eating</u> some snacks on a picnic blanket.
바로 지금, Heather와 David은 돗자리에서 몇 가지의 간식을 먹고 있는 중이다.

공식 적용 문제

1. Angry customers at the Mountain Creek Hotel have been calling the reception desk to make a complaint. Currently, two dogs in one of the rooms _____ loudly.

   (a) bark
   (b) will be barking
   (c) are barking
   (d) barked

2. Mary feels overwhelmed because she can't understand the clerk's speech at the travel agency. He _____ too fast for her to comprehend a single word.

   (a) now spoke
   (b) has now spoken
   (c) now speaks
   (d) is now speaking

정답·해설·해석_해설집 p.2

정답 찾는 공식 02 | 'when + 주어 + 과거 동사'가 있으면 과거진행 시제를 고른다.

대표 문제로 정답 찾는 공식 확인하기

Anna and Joe went next door to invite their new neighbors over for a barbecue.❶When they arrived there, the neighbors _____ their new home.

(a) are decorating
(b) decorated
❷(c) were decorating
(d) have been decorating

❶ 빈칸 문장에 'when + 주어 + 과거 동사'(When they arrived)가 있다.

❷ 따라서 when(~할 때) 부사절이 가리키는 과거 시점에 진행 중이었던 동작을 나타내는 과거진행 시제 (c) were decorating을 고른다.

⊕ 이것도 알면 만점

○ when(~할 때)과 while(~하던 중에)의 부사절에 빈칸이 있고, 주절에 과거 동사가 있어도 과거진행 시제를 고른다.

When John <u>was running</u> in the park yesterday, he **hurt** his foot.
John이 어제 공원에서 뛰고 있었을 때, 그는 발을 다쳤다.

While we <u>were looking</u> at the menu, the waiter **asked** for our order.
우리가 메뉴를 보고 있던 중에, 종업원이 주문을 요청했다.

→ 종업원이 주문을 요청한 일이 발생했던 과거 시점에 한창 진행 중이었던 동작을 나타내는 문장이다. 따라서 과거의 종료된 일을 나타내는 단순과거 시제가 아니라, 과거진행 시제를 쓴다.

🚨 함정 피하기

'for + 기간'이 있으면 과거진행 시제가 아닌 과거완료진행 시제를 고른다.

When the chef removed the cake from the oven, it (~~was baking~~ / had been baking) **for** approximately **50 minutes.**
요리사가 오븐에서 케이크를 꺼냈을 때, 그것은 약 50분 동안 구워져 오고 있던 중이었다.

→ 지속을 나타내는 표현 'for + 기간'(~ 동안)은 앞선 시점부터 발생한 동작이 기준 시점에도 계속 진행 중임을 나타내는 완료진행 시제와 함께 쓰인다.

☞ 정답 찾는 공식 05 확인하기

공식 적용 문제

1. The firefighters did not realize that animals were also trapped in the burning building. When they entered the front room to put out the fire, the dogs _____ their tails.

(a) were wagging
(b) are wagging
(c) have been wagging
(d) will wag

2. I always have the worst luck! While I _____ pictures at the zoo last week, I dropped my camera and it completely broke. Repairing it will cost a lot.

(a) had taken
(b) had been taking
(c) took
(d) was taking

정답·해설·해석_해설집 p.2

정답 찾는 공식 ⓞ3 | 'when + 주어 + 현재 동사'가 있으면 미래진행 시제가 온다.

대표 문제로 정답 찾는 공식 확인하기

Tony eats much slower than his siblings, so he often has to settle for small bites of special treats. ❶When he finishes his dinner tonight, they _____ dessert.

(a) were already eating
(b) have already been eating
❷(c) will already be eating
(d) already eat

❶ 빈칸 문장에 'when + 주어 + 현재 동사'(When he finishes)가 있다.

❷ 따라서 when(~할 때) 부사절이 가리키는 미래 시점에 진행 중일 동작을 나타내는 미래진행 시제 (c) will already be eating이 온다.

➕ 이것도 알면 만점

○ 시간/조건의 접속사 by the time(~할 무렵에)과 if(만약 ~하다면)의 부사절에 현재 동사가 있어도 미래진행 시제가 온다.

If you want to meet me this afternoon, I will be relaxing by the pool.
만약 네가 오늘 오후에 나와 만나고 싶다면, 나는 수영장 옆에서 쉬고 있는 중일 것이다.

→ 시간/조건의 부사절에서는 현재 동사를 사용하여 미래의 의미를 나타내므로, 주절의 동사 자리에는 미래진행 시제가 온다.

○ 빈칸 문장에 다음의 시간 표현이 있어도 미래진행 시제가 온다.

미래진행 시제와 함께 쓰이는 시간 표현
starting next week 다음 주부터 tomorrow 내일 tonight 오늘 밤 later 나중에

Mark will be lifting weights at 1 p.m. tomorrow. Mark는 내일 오후 1시에 역기를 들어 올리고 있는 중일 것이다.

함정 피하기

'for + 기간'이 있으면 미래진행 시제가 아닌 미래완료진행 시제가 온다.

☞ 정답 찾는 공식 06 확인하기

공식 적용 문제

1. The mechanical engineering seminar starts at noon, but Andy will not get to the convention center until 12:15 p.m. When he arrives, the presenter _____ at the podium.

   (a) had been speaking
   (b) is speaking
   (c) will speak
   (d) will be speaking

2. I am sending this letter and a box of my favorite Earl Grey tea from London. By the time you receive them next week, I _____ around Paris.

   (a) will be traveling
   (b) travel
   (c) will have been traveling
   (d) have traveled

정답·해설·해석_해설집 p.3

정답 찾는 공식 04 | 'since + 과거 시점'이 있으면 현재완료진행 시제를 쓴다.

대표 문제로 정답 찾는 공식 확인하기

The manager of our team was not impressed with the look of the billboard ads for our new wireless headphones. Therefore, we _____ them ❶since last Friday.

❷(a) have been redesigning
(b) redesign
(c) are redesigning
(d) will redesign

❶ 빈칸 문장에 'since + 과거 시점'(since last Friday)이 있다.

❷ 따라서 since(~ 이래로) 부사구가 가리키는 과거 시점부터 현재까지 계속 진행되어 오고 있는 일을 나타내는 현재완료진행 시제 (a) have been redesigning을 쓴다.

➕ 이것도 알면 만점

○ since 부사절(since + 주어 + 과거 동사)이 과거 시점을 나타내어도 현재완료진행 시제를 쓴다.

Since Tom started feeling sick, he has been resting at home lately.
Tom이 아프기 시작한 이래로, 그는 최근에 집에서 휴식을 취해 오고 있는 중이다.

○ since가 'for + 기간 + now'와 함께 쓰여도 현재완료진행 시제를 쓴다.

Since my roommate moved out last month, I have been living alone for several weeks now.
내 룸메이트가 지난달에 이사 간 이래로, 나는 지금까지 몇 주 동안 혼자 살아 오고 있는 중이다.
→ 'for + 기간 + now'는 '지금까지 ~ 동안'이라는 의미를 가지므로, 항상 현재완료진행 시제와 함께 쓰인다.

🚨 함정 피하기

'since + 과거 시점'이 대과거를 나타내면 현재완료진행 시제가 아닌 과거완료진행 시제를 쓴다.

The investment banker (has been working / had been working) for 12 years since 2010 until he retired in February 2022.
그 투자 은행가는 2010년 이래로 2022년 2월에 은퇴할 때까지 12년 동안 일해 오고 있던 중이었다.
→ 'since + 과거 시점'(since 2010)이 February 2022보다 앞선 대과거를 나타내므로 과거완료진행 시제를 쓴다.

☞ 정답 찾는 공식 05 확인하기

공식 적용 문제

1. Jenny is absolutely thrilled to take over the larger bedroom now that her brother moved out of their family's house. She _____ her new room since yesterday.

(a) was arranging
(b) will have arranged
(c) has been arranging
(d) had arranged

2. Sarah likes the new Indian restaurant in her neighborhood. It offers tasty dishes at reasonable prices. So, she _____ there for lunch for three successive days now.

(a) went
(b) has been going
(c) had been going
(d) would go

정답·해설·해석_해설집 p.3

정답 찾는 공식 05 | 'before + 주어 + 과거 동사'가 있으면 과거완료진행 시제가 정답이다.

대표 문제로 정답 찾는 공식 확인하기

The Hoover Dam was constructed during the Great Depression on the border between Arizona and Nevada. ❶Before it was completed in 1936, workers _____ it for five years.

(a) have been building
(b) built
❷(c) had been building
(d) will have built

❶ 빈칸 문장에 'before + 주어 + 과거 동사' (Before it was completed)가 있다.

❷ 따라서 대과거부터 before(~하기 전에) 부사절이 가리키는 과거 기준 시점까지, 계속 진행되어 오고 있었던 일을 나타내는 과거완료진행 시제 (c) had been building이 정답이다.

➕ 이것도 알면 만점

○ 'by the time(~할 무렵에)/until(~할 때까지) + 주어 + 과거 동사'가 있어도 과거완료진행 시제가 정답이다.

The cat had been hiding under the sofa for two hours by the time we found it.
우리가 그것을 발견할 무렵에 고양이는 소파 밑에 두 시간 동안 숨어 있어 오던 중이었다.

Jacob had been playing professional tennis for 15 years until he injured his leg last year.
Jacob은 작년에 다리를 다칠 때까지 15년 동안 프로 테니스를 해 오던 중이었다.

→ 과거완료진행 시제는 주로 지속을 나타내는 표현 'for + 기간'과 함께 쓰인다.

○ 'when + 주어 + 과거 동사'가 'for + 기간'과 함께 쓰이면 과거진행 시제가 아닌 과거완료진행 시제가 정답이다.

They had been waiting for 90 minutes when the train finally arrived.
기차가 마침내 도착했을 때 그들은 90분 동안 기다려 오고 있던 중이었다.

공식 적용 문제

1. The former general is working in a private security firm now. Before he switched careers five years ago, he _____ in the armed forces for three decades.

   (a) has served
   (b) will serve
   (c) was serving
   (d) had been serving

2. Elise and I are still depressed about the cancellation of the dance contest. We _____ the stage for six months until it was called off last week.

   (a) would prepare
   (b) were preparing
   (c) had been preparing
   (d) prepared

정답·해설·해석_해설집 p.4

정답 찾는 공식 **06** | 'by the time + 주어 + 현재 동사'와 'for + 기간'이 있으면 미래완료진행 시제가 온다.

대표 문제로 정답 찾는 공식 확인하기

To bring out the most flavor, slowly simmer the spaghetti sauce in a covered pot over low heat. ❶ By the time the sauce is ready, it _____ for three hours.

(a) has been cooking
(b) will cook
(c) will be cooking
❷ (d) will have been cooking

❶ 빈칸 문장에 'by the time + 주어 + 현재 동사'(By the time the sauce is)와 'for + 기간'(for three hours)이 있다.

❷ 따라서 현재에 시작하여 by the time(~할 무렵에) 부사절이 가리키는 미래 시점까지, 세 시간 동안 계속 진행 중일 일을 나타내는 미래완료진행 시제 (d) will have been cooking이 온다.

➕ 이것도 알면 만점

○ 'by + 미래 시점'과 'for + 기간'이 있어도 미래완료진행 시제가 온다.

By next Christmas, Sue will have been volunteering at the charity for ten years.
다음 크리스마스 무렵이면, Sue는 자선 단체에서 10년 동안 봉사활동을 해 오고 있는 중일 것이다.

→ 'by + 미래 시점'도 'by the time + 주어 + 현재 동사'와 마찬가지로 미래를 나타내므로, 'for + 기간'과 자주 함께 쓰여 미래완료진행 시제를 나타낸다.

○ 'when + 주어 + 현재 동사'가 'for + 기간'과 함께 쓰이면 미래진행 시제가 아닌 미래완료진행 시제가 온다.

When he completes the puzzle in a moment, he will have been solving it for five hours.
그가 곧 퍼즐을 완성할 때면, 그는 다섯 시간 동안 그것을 풀어 오고 있는 중일 것이다.

공식 적용 문제

1. This is the longest length of time the artist has ever worked on one project. He _____ the monument for two years by the time he finishes it next month.

   (a) will have been sculpting
   (b) will be sculpting
   (c) is sculpting
   (d) has sculpted

2. The telescope successfully reached orbit and is expected to follow its scheduled flight plan throughout its operational period. By 2033, it _____ through space for over a decade.

   (a) has been navigating
   (b) will navigate
   (c) will have been navigating
   (d) navigates

정답·해설·해석_해설집 p.4

01 Darin and Katie's daughter has shown immense interest in music even at a young age, as she loves to dance and watch singing shows on television. At the moment, the parents _____ for a piano instructor to foster her passion.

(a) are searching
(b) will search
(c) were searching
(d) have searched

02 Best-selling musical artist Frank Sinatra had a long and illustrious career that took off before his 21st birthday and never seemed to stop. He _____ for 60 years when he finally retired in 1995.

(a) performs
(b) has performed
(c) had been performing
(d) will have been performing

03 The non-stop flight between New York and Singapore takes off in a minute. By the time the plane is ready to land, the passengers _____ for 18 hours and over nine thousand miles.

(a) fly
(b) have flown
(c) will have been flying
(d) will be flying

04 Scott is scheduled to get an X-ray on his ankle at the university hospital due to an injury that occurred last Sunday. He accidentally stepped in a small hole while he _____ on a grassy trail.

(a) has run
(b) was running
(c) ran
(d) had been running

05 I didn't even realize I had burned the popcorn in the microwave. When the smoke alarm eventually beeped, I _____ what movie to watch in the living room.

(a) have been choosing
(b) chose
(c) have chosen
(d) was choosing

06 The Pattersons live in America, but their son loves the British animated series *Peppa Pig*. He actually _____ with a British accent ever since he started watching the show.

(a) is speaking
(b) has been speaking
(c) spoke
(d) will speak

07 The chairperson of Morrison's, a nationwide department store, is considering closing the Gainesville branch. It is no longer profitable and _____ customers to local competitors for several years now.

(a) is losing
(b) loses
(c) had lost
(d) has been losing

08 Mr. Lee appreciated the student's detailed project, but he had to tell her to hurry up and conclude so the other students had time to present. Before he said anything, she _____ the class for almost 20 minutes.

(a) had been addressing
(b) addresses
(c) was addressing
(d) has been addressing

09 Slow Chord recently released its fourth studio album entitled *Soar*. They _____ their lead single live on radio stations in the United States starting next week to promote this latest record to their North American fan base.

(a) sing
(b) will be singing
(c) had sung
(d) have been singing

10 Built during the reign of William II, Westminster Hall is one of the oldest buildings in England. It is also the only part of the Palace of Westminster that has never been rebuilt. By 2100, it _____ for over 1,000 years.

(a) stands
(b) has been standing
(c) will have been standing
(d) will stand

11 I had to vacate the booth at my school's festival for a while to attend an appointment at a nearby dental clinic. When I returned to campus, my classmates _____ the booth already.

(a) were breaking down
(b) would break down
(c) broke down
(d) are breaking down

12 Katherine needs to decide soon whether she wants to live on campus while she's at university. If she chooses to live in a dormitory, the school's housing department _____ resident applications until the end of the week.

(a) would have accepted
(b) has been accepting
(c) will be accepting
(d) had been accepting

13 During our morning meeting, we were reminded many times to wear our uniforms and safety gear properly. The CEO of the company _____ the factory when we clock in for our shift this afternoon.

(a) is inspecting
(b) inspects
(c) will be inspecting
(d) has been inspecting

14 Gregg Popovich is the longest-tenured head coach in the history of the National Basketball Association. When the upcoming season kicks off next month, the leader of the San Antonio Spurs _____ for 26 years.

(a) will coach
(b) will have been coaching
(c) has coached
(d) has been coaching

15 The Daily Gazette recently launched a dedicated application for its crossword puzzles. The puzzles _____ new players to the paper every year since the 1920s when they were first published.

(a) will have attracted
(b) have been attracting
(c) had been attracting
(d) will attract

16 After finishing a critical work project, Nicole has the next few days off from her job. Her friends invited her to hang out, but she turned them down. By the time her friends get together tomorrow, she _____ on her own.

(a) rests
(b) would have rested
(c) will rest
(d) will be resting

17 The lines at this amusement park are notorious for being very long. Until George got the chance to ride a roller coaster, he _____ for nearly two hours.

(a) was waiting
(b) has been waiting
(c) had been waiting
(d) will have been waiting

18 It's safe for Coach Larson to put his backup players into the basketball game. The team _____ by a large margin and there isn't much time remaining. The other team has no chance of coming back to take the lead.

(a) now wins
(b) was now winning
(c) is now winning
(d) had now won

19 The union has announced that a representative will meet with company executives to sign a new agreement next week. By the time this deal is finalized, the workers _____ for a month.

(a) negotiated
(b) have been negotiating
(c) had negotiated
(d) will have been negotiating

20 Innovi Incorporated is looking for a new graphic designer to join its team. The hiring manager _____ candidates at this time and plans to make a decision by the end of the month.

(a) is interviewing
(b) interviews
(c) has been interviewing
(d) interviewed

21 Charles Darwin's premier work *On the Origin of Species* was the fruit of his extensive study on the subject of evolution. Before his book was published in 1859, he _____ his theory for twenty years.

(a) was researching
(b) had been researching
(c) would research
(d) has researched

22 On account of the power outage, Nick and Robin spent the evening reading by candlelight, which they found funny because they hardly ever pick up a book. In fact, they _____ TV when the electricity went out.

(a) watched
(b) were watching
(c) have been watching
(d) had watched

23 The tenant who previously lived in Sam's apartment must not have changed his address after vacating the residence. Ever since Sam moved in, he _____ someone else's mail in his letterbox.

(a) has been collecting
(b) would have collected
(c) was collecting
(d) collected

24 Last month, a leak in an oil pipeline caused a spill off the coast. Approximately 126,000 gallons of oil went into the ocean and onto the beaches. Right now, hundreds of volunteers _____ the coastline.

(a) clean
(b) will clean
(c) have cleaned
(d) are cleaning

정답·해설·해석_해설집 p.5

CHAPTER 2
가정법

가정법 과거와 가정법 과거완료가 매회 3문제씩 출제되는 편이다.

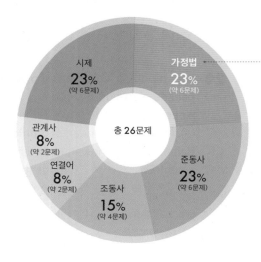

시제
23%
(약 6문제)

가정법
23%
(약 6문제)

관계사
8%
(약 2문제)

총 26문제

연결어
8%
(약 2문제)

준동사
23%
(약 6문제)

조동사
15%
(약 4문제)

가정법 과거	약 3문제
가정법 과거완료	약 3문제
혼합가정법	간혹 1문제 출제

정답 찾는 공식 07   과거 동사가 있으면 'would/could + 동사원형'이 정답이다.

정답 찾는 공식 08   had p.p.가 있으면 'would/could + have p.p.'가 온다.

정답 찾는 공식 07 | 과거 동사가 있으면 'would/could + 동사원형'이 정답이다.

대표 문제로 정답 찾는 공식 확인하기

Every time Ted makes plans with Amy, Amy is always late. ❶If Amy respected other people's time, Ted _____ annoyed.

❷(a) would not feel
(b) will not feel
(c) did not feel
(d) would not have felt

❶ if절에 과거 동사(respected)가 있다.

❷ 따라서 주절에는 과거 동사와 짝을 이루어 가정법 과거를 만드는 'would + 동사원형'이 와야 하므로 (a) would not feel이 정답이다.

⊕ 이것도 알면 만점

○ 주절에 'would/could + 동사원형'이 있고 if절에 빈칸이 있으면 과거 동사가 정답이다.

I would buy a brand-new sports car if I earned plenty of money.
만약 내가 많은 돈을 번다면 신상 스포츠카를 살 텐데. (← 많은 돈을 벌지 못해서, 스포츠카를 사지 못한다.)

○ if절에 be동사의 과거형 were가 있어도 'would/could + 동사원형'이 정답이다.

If today were a holiday, we could stay home from work.
만약 오늘이 휴일이라면, 우리는 일을 쉴 수 있을 텐데. (← 오늘이 휴일이 아니므로, 일을 쉬지 못한다.)

→ 가정법에서는 if절의 동사가 be동사일 경우, 주어에 관계없이 were를 사용한다.

If Jacob were to invent a time machine, he would meet his ancestors.
만약 Jacob이 타임머신을 발명한다면, 그는 그의 조상을 만날 텐데. (← 타임머신을 발명하지 못하므로, 조상을 만나지 못한다.)

→ if절의 'were to + 동사원형'은 주로 일어날 가능성이 작거나 거의 없는 상황을 가정할 때 쓴다.

공식 적용 문제

1. Three days won't be enough for Jasmine to see all the parts of Berlin that she wants to visit. If she had a longer vacation, she _____ the Grunewald Forest for an afternoon.

(a) would have explored
(b) explored
(c) is exploring
(d) would explore

2. Sam's Deli is always busy because of its delicious sandwiches, but Sam is the only employee. If there were more workers, the lines _____ so long.

(a) would not be
(b) will not be
(c) were not
(d) would not have been

정답·해설·해석_해설집 p.10

정답 찾는 공식 08 | had p.p.가 있으면 'would/could + have p.p.'가 온다.

대표 문제로 정답 찾는 공식 확인하기

I did not study until the night before the exam, so I failed it. **❶If** I had studied earlier in the week, I _____ a better grade.

❷(a) would have gotten
(b) would get
(c) will get
(d) had gotten

❶ if절에 had p.p.(had studied)가 있다.

❷ 따라서 주절에는 had p.p.와 짝을 이루어 가정 법 과거완료를 만드는 'would + have p.p.' 형 태의 (a) would have gotten이 온다.

➕ 이것도 알면 만점

○ 주절에 'would/could + have p.p.'가 있고 if절에 빈칸이 있으면 had p.p.가 온다.

Jack **would have saved** some of the cake if he <u>had known</u> that Jill wanted dessert.
만약 Jill이 디저트를 원한다는 것을 Jack이 알았었다면 그는 케이크 몇 조각을 남겨 뒀을 텐데.
(← Jill이 디저트를 원하는 것을 몰랐기 때문에, 케이크를 남겨 두지 못했다.)

○ if절에서 if가 생략된 후 had p.p.가 도치되어 있어도 'would/could + have p.p.'가 온다.

Had you **purchased** a ticket, you <u>could have gone</u> to the concert with us.
네가 표를 구매했었다면, 너는 우리와 그 콘서트에 갈 수 있었을 텐데. (← 표를 구매하지 않았기 때문에, 콘서트에 갈 수 없었다.)
→ 가정법 과거완료에서 if가 생략되면, if절의 동사 had가 주어 앞으로 오는 도치 현상이 일어난다.

🚨 함정 피하기

if절에 had p.p.가 있더라도, 주절에 right now(바로 지금)나 now(지금)가 있으면 혼합가정법이 되어 'would/could + have p.p.' 가 아닌 'would/could + 동사원형'이 온다. 혼합가정법은 지텔프에 간혹 출제된다.

If I **had behaved** better in the classroom, I <u>would not be</u> in the principal's office **now**.
만약 내가 교실에서 더 좋게 행동했었다면, 나는 지금 교장실에 있지 않을 텐데. (← 과거에 좋게 행동하지 않았으므로, 지금 교장실에 있다.)

공식 적용 문제

1. How could I have walked right past Nick Park at the animation conference? He's my favorite Claymation artist in the field! If I had recognized him, I _____ myself.

   (a) would introduce
   (b) was introducing
   (c) would have introduced
   (d) introduced

2. Brad got caught in rush hour gridlock on the highway this morning, so he was late for work. Had he left at his normal time, he _____ the traffic.

   (a) had avoided
   (b) would have avoided
   (c) would avoid
   (d) avoided

정답·해설·해석_해설집 p.10

01 Monica has a hectic schedule, so she can't make time for her friend Charles who will visit her town this summer. If she were to have spare time, she _____ a few days off work to keep him company.

(a) will take
(b) would take
(c) has taken
(d) would have taken

02 My university hosted many student organizations on campus when I was an undergraduate. I foolishly didn't get involved with any of them. Had I joined a club, I _____ more friends who share common interests now.

(a) will have
(b) would have had
(c) have had
(d) would have

03 The Titanic sank when it struck an iceberg on April 15, 1912. Out of the 2,224 passengers on board, 1,517 died. Had the crew ensured there were enough lifeboats, it was likely that more people _____.

(a) would have survived
(b) will have survived
(c) had survived
(d) would survive

04 Margaret is generally fond of her apartment, but her one complaint is that her room is too dark. Unfortunately, her landlord has strict rules about alterations to the home. If Margaret _____ the walls, she would choose a much brighter color.

(a) can repaint
(b) repaints
(c) could repaint
(d) could have repainted

05 In 1814, Napoleon Bonaparte was defeated and exiled to a faraway island. Up until that point, he had conquered most of Europe. If he had avoided conflict with Russia, he _____ control of the continent so quickly.

(a) had not lost
(b) would not lose
(c) did not lose
(d) would not have lost

06 I can't believe you've never visited Green Park despite the fact that it's just near your house! If I were you, I _____ through the flower gardens every weekend.

(a) would walk
(b) am walking
(c) would have walked
(d) will walk

07 The actor received an offer but ultimately decided to turn down the lead role. Today, he knows he made a poor decision. He _____ the role if he had predicted how successful the film would be.

(a) would accept
(b) would have accepted
(c) accepted
(d) will be accepting

08 I was embarrassed when I realized I had a stain on my shirt. None of my coworkers said anything, but they must have noticed. Had I seen it before leaving the house, I _____ something different right now.

(a) will wear
(b) would have worn
(c) would be wearing
(d) had worn

09 After staying out late, Emily opted to take the subway home. She caught the last train of the night. If she _____ at the station even a minute later, she would have been forced to take a taxi instead.

(a) had arrived
(b) arrived
(c) would have arrived
(d) has arrived

10 Sadly, twenty-six players on the Florida A&M University football team were ruled ineligible upon further financial and academic review. If these athletes could participate in the upcoming season, the team _____ capable of winning the division.

(a) will have been
(b) would have been
(c) would be
(d) is

11 A poor response by the fire department to the Chicago Fire of 1871 led to the ruin of nearly 18 thousand city buildings. Had the firefighting equipment been distributed more quickly and efficiently, the destruction _____.

(a) would have been mitigated
(b) was being mitigated
(c) had been mitigated
(d) would be mitigated

12 Leslie was let down again by her husband's forgetfulness. If he had only remembered the plans they had made for their wedding anniversary date, she _____ so angry at him.

(a) will not be getting
(b) was not get
(c) had not gotten
(d) would not have gotten

13 All the students at Brian's school wear uniforms. It is not a very popular policy, however. If they were allowed, most students _____ themselves through their personal clothing choices.

(a) would have expressed
(b) will have expressed
(c) would express
(d) will express

14 Selena had an argument with Kyle that ended their relationship. She feels bad about some of the mean things she said. If she _____ a second chance with him, she would be kinder.

(a) has
(b) had
(c) had had
(d) will have

15 Corey elected to switch his major after his first year of university, so it took him five years to finish his undergraduate degree instead of four. Had he taken courses during the summers, he _____ on time.

(a) had graduated
(b) will have graduated
(c) would graduate
(d) would have graduated

16 Patty wishes she can eat more fresh and organic produce. A friend of hers recommended growing her own food, but Patty's house is too small. If she had a bigger backyard, she _____ a vegetable garden.

(a) would have planted
(b) will plant
(c) would plant
(d) is planting

17 Even though Christina finished her part of the assignment by the deadline, her partner's late submission lowered the total grade for their project. If she _____ a more responsible partner, she would have earned a higher score.

(a) chose
(b) had chosen
(c) could choose
(d) has chosen

18 I really liked a home my realtor took me to visit. However, I hesitated to make an offer, and someone else bought it. If I had acted more quickly, it's possible I _____ there now.

(a) would have lived
(b) would be living
(c) am living
(d) will live

19 The staff at Clifton Seaside Resort is struggling to cope with all the guests' demands. The new manager, Mr. Feldon, _____ additional staff for the holiday season if more competent candidates had been available.

(a) would hire
(b) will be hiring
(c) would have hired
(d) is hiring

20 James wants to apply for a data scientist position, but he is not qualified yet. If he were to possess a certificate in statistics, he _____ his résumé right away without a second thought.

(a) can send
(b) could have sent
(c) could send
(d) sends

21 The Child Tax Credit initiative ceased payments at the end of the calendar year. If the program were revived, tax-paying families in the United States _____ up to $2,400 per child again.

(a) are receiving
(b) would have received
(c) will receive
(d) would receive

22 Prior to the explosion of the *Challenger* in January 1986, engineer Bob Ebeling warned those in charge of the launch that the bad weather could lead to disaster. Had they listened to him, seven astronauts _____ their lives.

(a) would not have lost
(b) will not have lost
(c) would not lose
(d) did not lose

23 Angela has always dreamed about visiting Europe although it's far from her home country and the plane tickets to get there are so expensive. If it were easier to travel there, she _____ planning a trip immediately.

(a) would have started
(b) would start
(c) will start
(d) has started

24 The dentist informed Shaun that he needed to receive extensive procedures to treat his decayed teeth. If he had used dental floss regularly as she had told him many times, his dental health _____ as rapidly.

(a) would not have declined
(b) will not have declined
(c) would not decline
(d) had not declined

정답·해설·해석_해설집 p.11

CHAPTER 3
준동사

to 부정사와 동명사가 매회 3문제씩 꼭 출제된다.

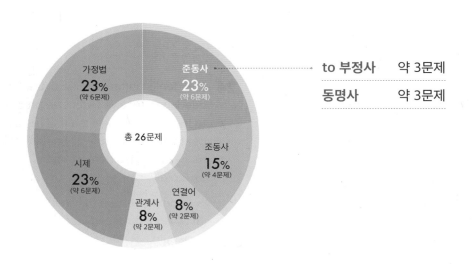

가정법
23%
(약 6문제)

준동사
23%
(약 6문제)

총 26문제

시제
23%
(약 6문제)

관계사
8%
(약 2문제)

연결어
8%
(약 2문제)

조동사
15%
(약 4문제)

to 부정사	약 3문제
동명사	약 3문제

지텔프·경찰·소방·군무원 시험정보 및 학습자료

Hackers.co.kr

정답 찾는 공식 09   '~하기 위해'라고 해석되면 to 부정사가 정답이다.

정답 찾는 공식 10   명사 뒤에서 '~할'이라고 해석되면 to 부정사를 고른다.

정답 찾는 공식 11   decide는 목적어로 to 부정사를 취한다.

정답 찾는 공식 12   'allow + 목적어' 뒤에는 to 부정사가 온다.

정답 찾는 공식 13   it is 뒤에서 '~하는 것이'라고 해석되면 to 부정사를 쓴다.

정답 찾는 공식 14   consider는 목적어로 동명사를 취한다.

정답 찾는 공식 15   remember 뒤에서 '~한 것'이라고 해석되면 동명사, '~할 것'이라고 해석되면 to 부정사를 쓴다.

정답 찾는 공식 16   can't help 뒤에는 동명사가 온다.

정답 찾는 공식 09 | '~하기 위해'라고 해석되면 to 부정사가 정답이다.

대표 문제로 정답 찾는 공식 확인하기

Minimalists remove nonessentials from their homes and keep their number of possessions low. These people follow this lifestyle **❶**_____ a greater sense of peace.

❷(a) to experience
(b) having experienced
(c) to have experienced
(d) experiencing

❶ 빈칸이 '(더 큰 평화감을) 경험하기 위해'라고 해석된다.

❷ 따라서 목적(~하기 위해)을 나타내는 to 부정사 (a) to experience가 정답이다.

➕ 이것도 알면 만점

◯ 빈칸이 '~하도록', '~하는 데'라고 해석되면서 목적을 나타내어도 to 부정사가 정답이다.

Participants in the survey are required <u>to show</u> their ID card before answering questions.
설문조사의 참가자들은 질문들에 답하기 전에 신분증을 보여주도록 요구된다.

The insurance money was used <u>to fix</u> the roof.
보험금은 지붕을 고치는 데 사용되었다.

→ 목적을 나타내는 to 부정사 앞에는 '주어 + be p.p.' 형태의 문장이 자주 나온다.

🔔 함정 피하기

to 부정사는 문장의 동사와 동시에 일어나거나 문장의 동사보다 미래에 일어나는 일을 나타내고 to 부정사의 완료형 to have p.p.는 문장의 동사보다 이전에 일어난 일을 나타내는데, 지텔프에 완료형이 정답인 to 부정사 문제는 거의 나오지 않는다.

He went on a low-fat diet (<u>to lose</u> / t̶o̶ ̶h̶a̶v̶e̶ ̶l̶o̶s̶t̶) weight. 그는 체중을 감량하기 위해 저지방 식이 요법을 계속했다.

→ to 부정사(to lose)가 나타내는 일이 문장의 동사(went)보다 이전에 일어난 일이 아니므로 완료형은 쓸 수 없다.

공식 적용 문제

1. Salt plays many critical roles within the human body. Therefore, experts advised that athletes who suffer from frequent cramping consume more of the mineral _____ their muscles.

   (a) to have hydrated
   (b) to hydrate
   (c) hydrating
   (d) having hydrated

2. Shared calendars save companies time. Instead of asking colleagues when they are available, links to personal schedules are sent _____ the meeting organization process.

   (a) to expedite
   (b) to have expedited
   (c) expediting
   (d) having expedited

정답·해설·해석_해설집 p.15

정답 찾는 공식 10 | 명사 뒤에서 '~할'이라고 해석되면 to 부정사를 고른다.

대표 문제로 정답 찾는 공식 확인하기

Jackson forwarded an incomplete draft of his design to the engineering competition by mistake. Luckily, the judges gave him a **chance** _____ the completed version.

(a) to have submitted
(b) having submitted
(c) submitting
(d) to submit

❶ 빈칸이 명사 chance 뒤에서 '제출할'이라고 해석되어 '제출할 기회'라는 의미를 만들고 있다.

❷ 따라서 형용사처럼 명사를 뒤에서 수식할 수 있는 to 부정사 (d) to submit을 고른다.

➕ 이것도 알면 만점

○ 다음의 명사들 뒤에서 '~할'이라고 해석되면 to 부정사를 고른다.

> to 부정사를 취하는 명사
>
> chance to ~할 기회 way to ~할 방법 need to ~할 필요 ability to ~할 능력 right to ~할 권리 effort to ~할 노력
> time to ~할 시간 plan to ~할 계획 opportunity to ~할 기회 capability to ~할 능력 decision to ~할 결정

Using matches is the safest **way** to build a fire. 성냥을 사용하는 것은 불을 지필 가장 안전한 방법이다.

That talented filmmaker has the **ability** to evoke powerful emotions.
그 재능 있는 영화 제작자는 강력한 감정을 환기시킬 능력을 가지고 있다.

○ 빈칸 앞에 'for + 목적격'이 있어도 '~할'이라고 해석되면 to 부정사를 고른다.

The classes will be a great **opportunity for them** to learn the local language.
그 수업들은 그들이 현지 언어를 배울 굉장한 기회가 될 것이다.

→ to 부정사가 나타내는 행위의 주체가 문장의 주어와 다를 때, to 부정사 앞에 의미상 주어 'for + 목적격'을 쓴다.

공식 적용 문제

1. Large families consisting of three or more children must often cut costs. Grocery shopping at bulk warehouse stores is a common way _____ money on the food bill.

(a) having saved
(b) to save
(c) saving
(d) to have saved

2. The members of the aviation committee just concluded their quarterly session. They reviewed the plan _____ the airport terminal by approximately 24 thousand square feet.

(a) to have expanded
(b) expanding
(c) having expanded
(d) to expand

정답·해설·해석_해설집 p.15

정답 찾는 공식 **11** | decide는 목적어로 to 부정사를 취한다.

대표 문제로 정답 찾는 공식 확인하기

Darryl got a job offer from a software company in Munich. In the event that he ❶decides _____ it, he will have to relocate from California to Germany.

(a) accepting
(b) having accepted
❷(c) to accept
(d) to have accepted

❶ 동사 decide(decides)가 있다.

❷ decide(결심하다)는 목적어로 to 부정사를 취하므로 to 부정사 (c) to accept가 정답이다.

⊕ 이것도 알면 만점

○ 다음의 동사들은 목적어로 to 부정사를 취한다.

to 부정사를 목적어로 취하는 동사

decide 결심하다 wish 바라다 intend 의도하다 agree 동의하다 need 필요하다 plan 계획하다 hope 바라다
learn 배우다 seek 추구하다 ask 요청하다 choose 선택하다 determine 결정하다 fail 실패하다 strive 애쓰다
hesitate 주저하다 make sure 확실히 하다 mean 의도하다 offer 제안하다 pretend ~인 척하다 promise 약속하다
want 원하다 expect 기대하다 struggle 고투하다 refuse 거절하다 afford ~할 여유가 되다 seem ~인 것 같다

The country wishes to establish peace in the region. 국가는 그 지역에 평화를 수립하기를 바란다.

Neil intends to wake up early for a yoga class. Neil은 요가 수업을 위해 일찍 일어나려고 의도한다.

공식 적용 문제

1. Kami Rita has ascended Mount Everest 26 times, the most of anyone. The Nepalese man hopes _____ his climbing career as long as his body can handle it.

   (a) continuing
   (b) having continued
   (c) to continue
   (d) to have continued

2. Spencer planned to pursue a double major in economics and political science. Even though the coursework has been intense, he expects _____ both degrees by the end of this year.

   (a) to obtain
   (b) having obtained
   (c) to be obtaining
   (d) obtaining

정답·해설·해석_해설집 p.16

정답 찾는 공식 12 | 'allow + 목적어' 뒤에는 to 부정사가 온다.

대표 문제로 정답 찾는 공식 확인하기

Jet engines were invented in 1939. This new technology ❶allowed commercial aircraft _____ higher speeds and altitudes than previous propeller-powered planes.

(a) reaching
(b) to have reached
(c) having reached
❷(d) to reach

❶ 'allow + 목적어'(allowed ~ aircraft)가 있다.

❷ allow는 'allow + 목적어 + 목적격 보어'의 형태로 쓰일 때 to 부정사를 목적격 보어로 취하여, '~가 -하도록 허용하다'라는 의미를 나타낸다. 따라서 목적격 보어 자리인 빈칸에는 to 부정사 (d) to reach가 온다.

➕ 이것도 알면 만점

○ 다음 동사들의 목적격 보어 자리에는 to 부정사가 온다.

> to 부정사를 목적격 보어로 취하는 동사
>
> **allow** 허용하다 **ask** 요청하다 **cause** 야기하다 **encourage** 격려하다 **motivate** 동기를 부여하다 **instruct** 지시하다 **induce** 설득하다 **tell** 말하다 **enable** 가능하게 하다 **require** 요구하다 **expect** 기대하다 **remind** 상기시키다

The injury caused the runner to miss the race. 부상은 그 주자가 경주를 놓치게 했다.

The business leader's story motivated me to start my own enterprise.
기업가의 이야기는 내가 나의 사업체를 시작하도록 동기를 부여했다.

공식 적용 문제

1. The local radio station KBQR held a busking competition in the park. To choose the winner, the event's host asked the audience members _____ for their favorite act.

   (a) cheering
   (b) having cheered
   (c) to cheer
   (d) to have cheered

2. Ivan received his driver's permit. Before he can test for his license, the state requires him _____ a minimum number of driving hours with an instructor.

   (a) having completed
   (b) to complete
   (c) to have completed
   (d) completing

정답·해설·해석_해설집 p.16

정답 찾는 공식 13 | it is 뒤에서 '~하는 것이'라고 해석되면 to 부정사를 쓴다.

대표 문제로 정답 찾는 공식 확인하기

Sarah is almost finished with a course on business Spanish for her new job. The final exam will take place next Monday, so ❶it is wise for her _____ over the weekend.

(a) to have studied
❷(b) to study
(c) studying
(d) having studied

❶ 'it is ~' 뒤에서 빈칸이 '공부하는 것이'라고 해석된다.

❷ 따라서 주어로 쓰일 때 가주어 it을 주어 자리에 놓고 문장의 뒤로 가서 진주어 역할을 하는 to 부정사 (b) to study를 쓴다.

➕ 이것도 알면 만점

○ 'it + 동사' 뒤에서 '~하는 것은'이라고 해석되어도 to 부정사를 쓴다.

It takes courage for people to admit their weaknesses.
사람들이 그들의 약점을 인정하는 것은 용기가 필요하다.

→ 가주어 it을 주어 자리에 놓고 to 부정사구가 문장의 뒤로 가서 진주어 역할을 하고 있다.

○ it이 포함된 5형식 문장의 뒤에서 '~하는 것은'이라고 해석되어도 to 부정사를 쓴다.

Most experts consider it impossible to predict the state of the economy in the next decade.
대부분의 전문가들이 다음 10년간의 경제 상태를 예측하는 것은 불가능하다고 여긴다.

→ 긴 to 부정사(구)가 5형식 동사의 목적어로 쓰일 때, 주로 목적어 자리에 가목적어 it을 놓고 진목적어인 to 부정사(구)는 뒤로 간다.

공식 적용 문제

1. When you visit another country, you may want to study the culture of the country first to avoid any cultural missteps. For example, it is impolite _____ while eating in Canada.

(a) to speak
(b) having spoken
(c) to have spoken
(d) speaking

2. We should try to overcome the "digital divide" in order to live in harmony with all generations. Some seniors find it difficult _____ automated kiosks and it makes them feel left out.

(a) to have used
(b) to use
(c) having used
(d) using

정답·해설·해석_해설집 p.17

정답 찾는 공식14 | consider는 목적어로 동명사를 취한다.

대표 문제로 정답 찾는 공식 확인하기

Elizabeth took some medicine due to a severe headache. Now, she is okay but she may ❶consider _____ the doctor when it happens again.

(a) having visited

❷(b) visiting

(c) to have visited

(d) to visit

❶ 동사 consider가 있다.

❷ consider(고려하다)는 목적어로 동명사를 취하므로 동명사 (b) visiting이 정답이다.

➕ 이것도 알면 만점

○ 다음의 동사들은 목적어로 동명사를 취한다.

| 동명사를 목적어로 취하는 동사 |

consider 고려하다   recommend 권고하다   keep 계속 ~하다   enjoy 즐기다   involve 포함하다   imagine 상상하다
risk 위험을 무릅쓰다   avoid 피하다   suggest 제안하다   dislike 싫어하다   stop 멈추다   mind 꺼리다   finish 끝내다
appreciate 고마워하다   prevent 방지하다   deny 부인하다   acknowledge 인정하다   dread 몹시 두려워하다
advise 권고하다   postpone 미루다   practice 연습하다   anticipate 기대하다   quit 그만두다   adore 매우 좋아하다

My friend keeps changing the plans for her birthday.   나의 친구는 그녀의 생일 계획을 계속 바꾼다.

Mr. Brown suggested not leaving until the rain stopped.   Mr. Brown은 비가 멎기 전까지는 떠나지 않을 것을 제안했다.

🚨 함정 피하기

동명사는 문장의 동사와 동시에 일어나는 일을 나타낼 때, 그리고 문장의 동사보다 앞서 혹은 나중에 일어나는 일을 나타낼 때 모두 사용할 수 있다. 한편 동명사의 완료형 having p.p.는 문장의 동사보다 이전에 일어나 완료된 일을 강조할 때 사용하는데, 지텔프에 완료형이 정답인 동명사 문제는 거의 나오지 않는다.

공식 적용 문제

1. Joann wants to become a defense lawyer after getting a college degree. She imagines _____ the facts of a case in court in front of a judge and jury.

(a) having argued

(b) to have argued

(c) to argue

(d) arguing

2. Tonya was asked by Zach to give some feedback on his latest drawing. She is going to express her honest opinion even if it risks _____ his feelings.

(a) hurting

(b) having hurt

(c) to have hurt

(d) to hurt

정답·해설·해석_해설집 p.17

정답 찾는 공식 15 | remember 뒤에서 '~한 것'이라고 해석되면 동명사, '~할 것'이라고 해석되면 to 부정사를 쓴다.

대표 문제로 정답 찾는 공식 확인하기

In general, Marvin has good habits related to personal hygiene. For example, he always ❶remembers _____ his teeth after meals even when he's busy.

(a) having brushed
(b) brushing
❷(c) to brush
(d) to have brushed

❶ 보기의 동사 brush가 remember 뒤에서 '(앞으로) 양치를 할 것'이라고 해석된다.

❷ 따라서 동사 remember 뒤에서 '(미래에) ~할 것을 기억하다'라는 의미를 만드는 to 부정사 (c) to brush를 쓴다.

➕ 이것도 알면 만점

○ 다음의 동사들은 해석에 따라 적절한 동명사 혹은 to 부정사를 쓴다.

동명사와 to 부정사 모두를 목적어로 취하는 동사

remember + 동명사 (과거에) ~한 것을 기억하다 **remember + to 부정사** (미래에) ~할 것을 기억하다	**forget + 동명사** (과거에) ~한 것을 잊다 **forget + to 부정사** (미래에) ~할 것을 잊다
regret + 동명사 ~한 것을 후회하다 **regret + to 부정사** ~하게 되어 유감이다	**try + 동명사** (한번) ~해 보다 **try + to 부정사** ~하려고 노력하다

I forgot putting the soup on the stove, so it got burned. 내가 가스레인지에 수프를 올려둔 것을 잊어서, 그것은 탔다.

I forgot to return the book, so I should pay a late fee. 내가 책을 반납하는 것을 잊어서, 나는 연체료를 내야 한다.

🚨 함정 피하기

동명사 혹은 to 부정사를 목적어로 쓸 때 의미가 같은 endure(견디다), bother(애써서 ~하다), start(시작하다), begin(시작하다) 등도 지텔프에 간혹 출제되는데, 이때는 보기에 동명사 혹은 to 부정사만 있어 쉽게 풀 수 있다.

공식 적용 문제

1. Audrey has toured numerous amazing cities around the world. But she will never forget _____ Paris where she experienced the joys of traveling for the first time.

   (a) to have visited
   (b) visiting
   (c) to visit
   (d) being visited

2. The arts and crafts festival was postponed due to severe rain. The organizers regret _____ an outdoor venue without thoroughly checking the weather report first.

   (a) to select
   (b) selecting
   (c) to have selected
   (d) having to select

정답·해설·해석_해설집 p.18

정답 찾는 공식 16 | can't help 뒤에는 동명사가 온다.

대표 문제로 정답 찾는 공식 확인하기

My favorite band Brass Strings announced their breakup last Sunday! Now I ❶can't help _____ sad when I listen to their most recent album as I know it's their last one.

❷(a) getting
(b) having gotten
(c) to have gotten
(d) to get

❶ can't help가 있다.

❷ 따라서 'can't help + 동명사'의 형태로 쓰여 '~하지 않을 수 없다'라는 관용적 의미를 나타내는 동명사 (a) getting이 온다.

➕ 이것도 알면 만점

○ 다음의 관용적 표현 뒤에는 동명사가 온다.

동명사의 관용적 표현	
have difficulty (in) + 동명사 ~하는 데 어려움을 겪다	go + 동명사 ~하러 가다

Kim is **having difficulty** <u>finding</u> sources for her project. Kim은 과제의 자료를 찾는 데 어려움을 겪고 있다.

○ 다음의 관용적 표현 뒤에는 to 부정사가 온다.

to 부정사의 관용적 표현	
be inclined + to 부정사 ~하는 경향이 있다 tend + to 부정사 ~하는 경향이 있다 be likely + to 부정사 ~할 것 같다 have no choice but + to 부정사 ~하지 않을 수 없다	too ⋯ + to 부정사 너무 ⋯해서 ~할 수 없다 be determined + to 부정사 ~하기로 결심하다 be able + to 부정사 ~할 수 있다 be willing + to 부정사 기꺼이 ~하다

Richard felt **too tired** <u>to go</u> to the gym to exercise. Richard는 너무 피곤해서 운동하기 위해 체육관에 갈 수 없었다.

공식 적용 문제

1. Matt and Jenna's itinerary for their honeymoon is pretty simple. After a light breakfast in the morning, they will go _____ in the afternoons and watch shows in the evenings.

(a) sightseeing
(b) to be sightseeing
(c) having sightseen
(d) to sightsee

2. The word for tea sounds like "tea" or "cha" in most languages. Originating from China, the two pronunciations were able _____ via land and sea trade routes, respectively.

(a) spreading
(b) would spread
(c) to have spread
(d) to spread

정답·해설·해석_해설집 p.18

01 Given the choice, Larry will always opt to watch a sporting event in person as opposed to on TV. He doesn't even mind _____ in the last row of the stadium, as long as he can participate in the atmosphere of a live game.

(a) to sit
(b) sitting
(c) to have seated
(d) having seated

02 The next season of *Dancing with the Stars* will air without advertisements. A second show host has been added _____ attention away from the stage while the crew sets up for the next performance.

(a) drawing
(b) having drawn
(c) to be drawn
(d) to draw

03 US President John F. Kennedy made a speech to Congress in 1961. He requested an additional $9 billion for the space program. With this funding, he promised _____ a man on the Moon by the end of the decade.

(a) to land
(b) to have landed
(c) landing
(d) having landed

04 Jessie had a personal emergency and was unable to turn in her weekly assignment by the deadline. She emailed her professor to ask for an extension and is waiting for a response, but she doesn't expect him _____ her request.

(a) to approve
(b) will approve
(c) to be approving
(d) approving

05 I am panicked! I can't keep up with the intermediate calligraphy class. After I talk with the instructor about my progress, I will consider _____ to a beginner-level course that better suits my ability.

(a) to switch
(b) to be switched
(c) switching
(d) having switched

06 Liam Verne is one of the best defenders in his professional soccer league. Throughout his career, he has won many individual awards for his defensive skills. Despite his reputation, there are some players he dreads _____ against.

(a) to be competing
(b) competing
(c) to compete
(d) having to compete

07 Luis doesn't have many memories of his time spent living in El Salvador because he immigrated to Canada when he was six years old. However, he remembers _____ his grandfather on several camping trips by the beach.

(a) joined
(b) to have joined
(c) joining
(d) to join

08 The ending of the *Game of Thrones* television series was met with strong criticism. The writers of the show intended _____ audiences with unpredictable twists. Ultimately, their efforts led to an illogical plot that frustrated fans.

(a) having confounded
(b) confounding
(c) to be confounded
(d) to confound

09 After competing in the 1952 Olympics, Roger Bannister was determined to be the first to run a four-minute mile. He kept _____ and finally bested the mark in 1954.

(a) to have tried
(b) having tried
(c) to try
(d) trying

10 Lily prefers booking her flights with Air Smooth for both international and domestic trips given that she usually travels with many pieces of luggage. The airline allows passengers _____ two bags free of charge.

(a) to check in
(b) to have checked in
(c) checking in
(d) having checked in

11 Ginger is a natural remedy to help cure heartburn, nausea, and indigestion. If these symptoms are present, health professionals recommend _____ this root to one's diet. It can be consumed as a tea or grated into soups and smoothies.

(a) having added
(b) adding
(c) to have added
(d) to add

12 China is currently the most populated country in the world, with over 1.4 billion inhabitants. Yet, the nation of India is likely _____ the top spot in the next five years.

(a) claiming
(b) having claimed
(c) to claim
(d) will claim

13 A passenger on Mary's flight to Greece began to experience severe airsickness. There were no doctors on board, so the pilots made an emergency landing in Italy _____ the distressed person medical attention as quickly as possible.

(a) to have gotten
(b) to get
(c) having gotten
(d) getting

14 Derek has no plans this weekend. He was supposed to get lunch with his friend Richard, whom he hasn't seen in months, on Saturday. Due to last-minute car trouble, Richard postponed _____ him until the following week.

(a) seeing
(b) having seen
(c) to see
(d) to be seeing

15 As a sophomore, Michael Jordan was cut from his high school basketball team. Jordan credits this experience as a turning point in his athletic career. From that moment on, he practiced obsessively _____ as a player.

(a) to have improved
(b) improving
(c) to improve
(d) having improved

16 Ben Affleck and Matt Damon won the Academy Award for best screenplay in 1997. However, they soon decided _____ their focus away from writing and toward acting, which was less time-consuming.

(a) shift
(b) shifting
(c) to have shifted
(d) to shift

17 Regardless of swimming ability, everyone who enters the waters of Blue Crystal Lake must wear a life jacket. This is the result of a campaign aimed to prevent _____.

(a) drowning
(b) to have drowned
(c) having drowned
(d) to drown

18 Author Franz Kafka spent his days working as a clerk for an insurance company. He was only able to find time _____ his short stories and novels by staying up late at night.

(a) having written
(b) writing
(c) to write
(d) to have written

19 My cousin Bart collects antique furniture and is very knowledgeable about the subject. I am also interested in buying a vintage side table. Before finalizing the purchase, I will consult with him _____ some information for inspecting the authenticity of the piece.

(a) to obtain
(b) having obtained
(c) to have obtained
(d) obtaining

20 Sydney is looking forward to presenting at the teacher's workshop this week. Her talk will cover innovative ways to integrate technology into the classroom. She's nearly done as she just has to finish _____ her slide show.

(a) to revise
(b) having revised
(c) revising
(d) to have revised

21 Fiji is committed to reaching a net zero carbon target by 2050. To do this, the country will implement more renewable energy sources. In addition, the government seeks _____ all carbonized transportation in the coming years.

(a) to have eliminated
(b) to eliminate
(c) eliminating
(d) having eliminated

22 Even after taking three years of Portuguese classes and studying abroad in Brazil, Ricky still struggles to converse with native speakers. But to his credit, he has the ability _____ jokes in his second language.

(a) making
(b) to make
(c) to have made
(d) having made

23 Wild tiger populations are dwindling around the world as they lack adequate places to live. Therefore, it is advisable _____ their habitats even if that means setting limits on the development of human infrastructure.

(a) to protect
(b) will protect
(c) protecting
(d) is protected

24 Mark Twain had a saying in regard to classical literature. In summary, he said that classic work is something that everyone praises but nobody enjoys _____. Ironically, many of his novels are regarded as classics by modern literary analysts.

(a) to read
(b) to have read
(c) having been read
(d) reading

정답·해설·해석_해설집 p.19

CHAPTER 4
조동사

최신 지텔프 출제경향

조동사 should 생략과 일반 조동사가 매회 2문제씩 꼭 출제된다.

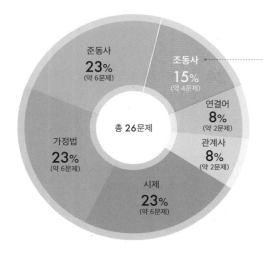

준동사
23%
(약 6문제)

조동사
15%
(약 4문제)

연결어
8%
(약 2문제)

관계사
8%
(약 2문제)

가정법
23%
(약 6문제)

시제
23%
(약 6문제)

총 26문제

조동사 should 생략   약 2문제

일반 조동사   약 2문제

지텔프·경찰·소방·군무원 시험정보 및 학습자료
- -
Hackers.co.kr

정답 찾는 공식 17 | 'suggest that + 주어' 뒤에는 동사원형이 온다.

대표 문제로 정답 찾는 공식 확인하기

The marketing team relies on freelance video editors for many of their projects. To save costs, the department head ❶<u>suggested that the team</u> _____ an in-house editor.

(a) is hiring
❷(b) hire
(c) hires
(d) will hire

❶ 'suggest that + 주어'(suggested that the team)가 있다.

❷ 주절에 제안을 나타내는 동사 suggest(제안하다)가 있으면 that절에는 '(should +) 동사원형'이 와야 하므로, 빈칸에는 동사원형 (b) hire가 온다.

⊕ 이것도 알면 만점

○ 주절에 주장·요구·명령·제안을 나타내는 다음의 표현이 있으면, that절의 동사 자리에는 'should + 동사원형'에서 should가 생략되므로 동사원형이 온다.

주장·요구·명령·제안을 나타내는 표현

suggest 제안하다 recommend 권고하다 advise 충고하다 insist 주장하다 request 요청하다 demand 주장하다 urge 촉구하다 important 중요한 ask 요구하다 essential 필수적인 propose 제안하다 prescribe 규정하다 require 요구하다 crucial 필수적인 best 가장 좋은 mandatory 의무적인 order 명령하다 necessary 필수적인 vital 필수적인 urgent 시급한 command 명령하다 stipulate 규정하다 imperative 긴요한 suggestion 제안

The police officer **recommended that Shawn** <u>take</u> another road around the accident.
경찰관은 Shawn이 사고를 피해 다른 길을 타야 한다고 권고했다.

During an economic downturn, it is **essential that investors** <u>manage</u> expectations.
경제 침체기 동안에는, 투자자들이 기대를 조절해야 하는 것이 필수적이다.

The coach made a **suggestion that the player** <u>attend</u> a premier sports camp.
코치는 그 선수가 엘리트 스포츠 캠프에 참석해야 한다고 제안했다.

공식 적용 문제

1. Rob just got new carpets installed in his apartment. When friends come over, he requests that they _____ their shoes prior to entering his home.

   (a) have removed
   (b) removed
   (c) will remove
   (d) remove

2. Inclement weather can pose a safety threat to the cruise ship. It is urgent that the vessel _____ to port before it gets trapped in a storm.

   (a) returns
   (b) is returning
   (c) return
   (d) has returned

정답·해설·해석_해설집 p.23

정답 찾는 공식 18 | '~할 수 있다'라고 해석되면 can이 정답이다.

대표 문제로 정답 찾는 공식 확인하기

Bats are not blind, but they generally have poor eyesight. Instead, they **❶**_____ hear at very high frequencies, which helps them locate food and avoid obstacles.

(a) may
(b) should
(c) will
❷(d) can

❶ 빈칸이 '(들)을 수 있다'라고 해석되어야 자연스럽다.

❷ 따라서 '~할 수 있다'라는 의미의 능력을 나타내는 조동사 (d) can이 정답이다.

➕ 이것도 알면 만점

○ '~해도 된다'(허가), '~할 가능성이 있다'(가능성)라고 해석되어도 can이 정답이다.

Any resident <u>can</u> speak at the town council meeting.
어떤 거주민이라도 마을 의회에서 발언해도 된다.

Consuming too much caffeine <u>can</u> trigger a migraine.
너무 많은 카페인을 섭취하는 것은 편두통을 일으킬 가능성이 있다.

○ can이 과거 동사와 함께 사용되면 can의 과거형인 could가 정답이다.

My father bragged that he <u>could</u> do a front flip in high school.
나의 아버지는 그가 고등학교 때 앞 공중돌기를 할 수 있었다고 자랑하셨다.

→ 주절에 과거 동사 bragged가 있으므로 that절의 동사 자리에는 can의 과거형인 could가 정답이다.

공식 적용 문제

1. Many people today put off getting proper sleep due to their work or studies. However, an irregular sleep schedule _____ weaken your immune system by increasing inflammation within the body.

   (a) can
   (b) must
   (c) shall
   (d) has to

2. The NBA amended its participation rules in order to raise the age limit in 2006. Now, players _____ only enter the draft if they are 19 years old. The average age of most rookie players is 22 though.

   (a) might
   (b) should
   (c) can
   (d) would

정답·해설·해석_해설집 p.23

정답 찾는 공식 19 ｜ '~하지 않으면 안 된다'라고 해석되면 must를 쓴다.

대표 문제로 정답 찾는 공식 확인하기

Firefighters are expected to follow safety protocols. Depending on the emergency, firefighters ❶ _____ wear the appropriate personal protective equipment before leaving the fire station.

(a) can
❷ (b) must
(c) could
(d) may

❶ 빈칸이 '(착용)하지 않으면 안 된다'라고 해석되어야 자연스럽다.

❷ 따라서 '~하지 않으면 안 된다'라는 의미의 의무를 나타내는 조동사 (b) must를 쓴다.

➕ 이것도 알면 만점

○ '~임이 틀림없다'(강한 추측)라고 해석되어도 must를 쓴다.

Todd babysat his nephews today. He must be exhausted.
Todd는 오늘 그의 조카들을 육아했다. 그가 피곤할 것임이 틀림없다.

Kevin must have heard some good news recently because he can't stop smiling.
Kevin은 최근에 좋은 소식을 들었음이 틀림없는데 이는 그가 웃는 것을 멈추지 못하기 때문이다.

→ must가 'must + have p.p.'의 형태로 쓰이면 과거 사실에 대한 강한 추측을 나타내어 '~했음이 틀림없다'라고 해석된다.

공식 적용 문제

1. Managers at Freeman Financial are insistent on keeping meetings productive. Effective today, meetings _____ be requested at least 24 hours in advance and have a planned agenda.

(a) can
(b) may
(c) would
(d) must

2. Start Art magazine's annual contest is open for submissions. All entries _____ adhere to the theme of adventure. Projects that do not have a clear connection are rejected without review.

(a) might
(b) can
(c) must
(d) will

정답·해설·해석_해설집 p.24

정답 찾는 공식 20 | '~하는 것이 좋겠다'라고 해석되면 should를 고른다.

대표 문제로 정답 찾는 공식 확인하기

The recovery time after a knee replacement surgery varies. For that reason, patients ❶_____ participate in physical therapy to regain their mobility as soon as possible.

❷ (a) should
(b) would
(c) shall
(d) may

❶ 빈칸이 '(참여)하는 것이 좋겠다'라고 해석되어야 자연스럽다.

❷ 따라서 '~하는 것이 좋겠다'라는 의미의 권고를 나타내는 조동사 (a) should를 고른다.

➕ 이것도 알면 만점

◯ '~하는 것이 좋았겠다'라고 해석되는 과거의 문맥이어도 should를 고른다.

Andrew was completely wet when he arrived at work. He should have taken an umbrella this morning.
Andrew는 그가 직장에 도착했을 때 완전히 젖어 있었다. 그는 오늘 아침에 우산을 챙기는 것이 좋았겠다.

→ should가 'should + have p.p.'의 형태로 쓰이면 과거 사실에 대한 후회나 유감을 나타내어 '~하는 것이 좋았겠다'(하지만 하지 않았다)라고 해석된다.

함정 피하기

지텔프에 간혹 should와 must를 구분하는 고난도 문제가 출제되기도 한다. should는 권고·조언의 성격을 가진 당위적 의무를, must는 법적·제도적 의무를 주로 나타낸다는 것을 알아두면 구분할 수 있다.

You (should / must) call your grandparents frequently.   너는 조부모님께 자주 전화를 드리는 것이 좋겠다.

→ should가 법적·제도적 의무가 아닌 당위적 의무를 나타내고 있으므로, must가 아닌 should를 고른다.

공식 적용 문제

1. Natasha dreams of starring in shows as a musical actor. Johnson, her mentor, says she _____ start getting involved as a member of an ensemble first to gain experience in the industry.

   (a) must
   (b) should
   (c) might
   (d) would

2. What one eats the night before a triathlon heavily affects one's performance. So, easily-digestible foods rich in carbohydrates _____ be consumed to provide the athlete with enough energy to finish the race.

   (a) should
   (b) may
   (c) will
   (d) can

정답·해설·해석_해설집 p.24

정답 찾는 공식 21 | '~할 것이다'라고 해석되면 will이 정답이다.

대표 문제로 정답 찾는 공식 확인하기

The Davis Corporation has announced the retirement of Vivian Wood. The company's Board of Directors ❶_____ choose her replacement in the coming week.

(a) can
(b) may
❷ (c) will
(d) would

❶ 빈칸이 '(선정)할 것이다'라고 해석되어야 자연스럽다.

❷ 따라서 '~할 것이다'라는 의미의 미래를 나타내는 조동사 (c) will이 정답이다.

➕ 이것도 알면 만점

○ '~할 것이다'가 주어의 의지를 나타낼 때도 will이 정답이다.

I will not forget my sister's birthday again. 나는 내 여동생의 생일을 다시는 잊지 않을 것이다.

○ will이 과거 동사와 함께 사용되면 will의 과거형인 would가 정답이다.

Laura said she would help me with moving my stuff, but she didn't show up.
Laura는 내 짐을 옮기는 것을 도와줄 것이라고 말했지만, 그녀는 나타나지 않았다.

→ 주절에 과거 동사 said가 있으므로 that절의 동사 자리에는 will의 과거형인 would가 정답이다.

공식 적용 문제

1. After giving it much thought, Cooper finally decided on his new year's resolution. Starting in January, he _____ make monthly charitable contributions to the food bank and local animal shelter.

   (a) must
   (b) may
   (c) can
   (d) will

2. The entrepreneur who bought the steakhouse last month promised not to make any drastic changes to the menu. He said that the restaurant _____ continue serving the best steaks in town.

   (a) would
   (b) might
   (c) will
   (d) could

정답·해설·해석_해설집 p.25

정답 찾는 공식 22 '~할지도 모른다'라고 해석되면 may를 쓴다.

대표 문제로 정답 찾는 공식 확인하기

People have a common misconception about colds. Frigid weather ❶_____ seem to cause a cold, but what really brings on a cold is a virus that spreads through the air.

(a) will
(b) ought to
❷(c) may
(d) should

❶ 빈칸이 '(보)일지도 모른다'라고 해석되어야 자연스럽다.

❷ 따라서 '~할지도 모른다'라는 의미의 약한 추측을 나타내는 조동사 (c) may를 쓴다.

⊕ 이것도 알면 만점

○ '~해도 된다'(허가)라고 해석되어도 may를 쓴다.

According to Professor Bryant, students <u>may</u> **use** calculators on the calculus test.
Bryant 교수에 따르면, 학생들은 미적분학 시험에서 계산기를 사용해도 된다.

○ '~할지도 모른다'라고 해석되는데 보기에 may가 없으면 might를 쓴다.

Sandra <u>might</u> **be** in a meeting now because she is not answering the phone.
Sandra는 전화를 받지 않고 있기 때문에 지금 회의에 있을지도 모른다.

→ 지텔프에서는 약한 추측을 나타낼 때 may와 might가 구분 없이 쓰인다.

The horror movie we saw yesterday <u>might</u> **have frightened** Scott. He slept with his lamp on last night.
우리가 어제 본 공포 영화는 Scott을 놀라게 했을지도 모른다. 그는 지난밤에 등을 가지고 잤다.

→ might가 'might + have p.p.'의 형태로 쓰이면 과거 사실에 대한 약한 추측을 나타내어 '~했을지도 모른다'라는 의미이며, 지텔프에서는 'may + have p.p.'와 구분 없이 쓰인다.

공식 적용 문제

1. Julia and Adam are discussing their wedding venue. Julia really wants to have the ceremony in a tropical location, but Adam thinks that some guests _____ not come if they have to travel to another country.

(a) must
(b) can
(c) might
(d) will

2. Stuart missed his flight to Paris. Thankfully, the service agent says he _____ get on the following plane headed to the French capital since there are some unreserved seats available.

(a) will
(b) has to
(c) shall
(d) may

정답·해설·해석_해설집 p.25

01 By law, the minimum age to make an account on a social networking site is 13. Kids who have access to a smart device _____ start earlier though, as the age requirement is self-certified.

(a) will
(b) must
(c) should
(d) can

02 Brent has been experiencing problems with his eyes lately. His main symptom is blurry vision brought on by digital eyestrain. His doctor advised that he _____ from looking at computer or cell phone screens for too long.

(a) refrain
(b) to refrain
(c) will refrain
(d) refrains

03 Leading up to the election, candidate Norman Rockridge held meet and greets at college campuses around the state. He urged that an individual _____ their civic duty. These young people, he said, can expect to make a difference in society only by voting.

(a) invokes
(b) will invoke
(c) invoke
(d) has invoked

04 Luke found an old family tree that dates back to the 1600s. According to the Dutch-sounding names on the document, he _____ have ancestors that immigrated from the Netherlands. He wants to take a DNA test to confirm this theory.

(a) must
(b) may
(c) will
(d) ought to

05 Bears that live in the surrounding woods pose a danger to those staying at the campsite. Visitors _____ not leave food out at night, as such items attract the animals and increase the risk of an attack.

(a) will
(b) must
(c) can
(d) might

06 Ms. O'Reilly's students shared their textbooks for the first week of classes. Due to a shipping error, the distribution company only supplied half the order. Enough copies for everyone _____ have been delivered before the semester started.

(a) will
(b) must
(c) should
(d) can

07 Aaron works at the Frosty Freeze ice cream shop on the weekends. He keeps telling his friends to visit him. He guesses his friendly manager _____ let him give them a small discount.

(a) must
(b) shall
(c) might
(d) can

08 In 2012, the United Nations approved the measure that provides universal access to legal aid within its jurisdiction. Now, regardless of economic status, anyone accused of a crime in a participating UN country _____ receive competent legal representation.

(a) might
(b) could
(c) may
(d) must

09 Charlie enrolled in acoustic guitar lessons for beginners at the local community center. Even though the classes just started, he _____ already play a few easy chords.

(a) must
(b) will
(c) might
(d) can

10 Maintaining a natural grass turf playing field is a labor-intensive process. The field must be fertilized, irrigated, and mowed. Before a game, it is essential that the playing surface _____ level to decrease the chance of injuries.

(a) to remain
(b) remains
(c) remain
(d) will remain

11 Reinhold Messner and Peter Habeler made history when they successfully climbed Mount Everest in 1978. They were the first to prove that an ascent to the top _____ be made without supplemental oxygen.

(a) could
(b) will
(c) might
(d) can

12 The stationery store plans to extend its business hours to accommodate the flow of customers during the summer months. Starting tomorrow, the doors _____ open an hour earlier. In addition, the new closing time is now 9 p.m.

(a) can
(b) will
(c) should
(d) might

13 Several studies have found evidence that paid parental leave makes workers feel valued and have a more positive attitude. Therefore, companies _____ offer this benefit to improve employee morale.

(a) should
(b) must
(c) will
(d) might

14 A Montessori-based approach to education requires high-quality materials, plenty of independent activities, and an open classroom layout. Implementing this model _____ look simple, but instructors must completely alter their teaching philosophy to reflect a student-led curriculum.

(a) shall
(b) may
(c) ought to
(d) should

15 Falcons are great hunters that possess eyesight that is eight times better than humans. They _____ also see ultraviolet light, which the birds use to track the trails of waste left by their prey.

(a) must
(b) may
(c) can
(d) will

16 Eric signed up to take part in the Tough Mudder obstacle course in London this winter. It is recommended that he _____ for several weeks before the race or he might be unprepared.

(a) train
(b) trains
(c) will train
(d) is training

17 Soldiers in the Northern United States enlisted to fight for only 90 days. At the time, people believed that the Civil War with the Confederate States _____ end soon.

(a) has to
(b) can
(c) would
(d) will

18 In 2014, NBC agreed to pay nearly eight billion dollars for the exclusive rights to air the Olympic Games in the United States. The deal's current structure states that the agreement _____ last through the 2032 games held in Brisbane, Australia.

(a) will
(b) could
(c) might
(d) ought to

19 The National Weather Service (NWS) issued a detailed heat advisory throughout the Midwest. This is meant to help identify and prevent heat-related illnesses. For instance, someone who becomes dizzy while working outside _____ stop before symptoms worsen.

(a) will
(b) should
(c) can
(d) might

20 Jackie visited a clinic to ask about her lower back pain. The chiropractor had her get an X-ray, as she _____ have injured one of her discs last week while moving furniture. Jackie is hoping the scan comes back clear.

(a) must
(b) would
(c) might
(d) should

21 I just returned home after attending my grandmother's funeral service. For the rest of my life, I _____ cherish each piece of advice she ever gave me and keep my promise to never forget her memory.

(a) may
(b) should
(c) could
(d) will

22 The rules of a lottery depend on the state. In some places, the winners are forced to take a one-time lump sum of the prize money. In other areas, however, they _____ also choose to receive yearly payments instead.

(a) can
(b) must
(c) will
(d) should

23 Weight training can be intimidating for beginners. Some lifting techniques can even harm the body if done incorrectly. The manager at my gym proposes that novices _____ bodyweight exercises first, which lower the risk of injury.

(a) have performed
(b) perform
(c) will perform
(d) are performing

24 Coolidge College hosts its monthly job fair this Friday afternoon. Attendees are asked that they dress professionally to give a good impression to potential employers. In addition, those with completed résumés _____ bring them.

(a) will
(b) should
(c) would
(d) might

정답·해설·해석_해설집 p.26

CHAPTER 5
연결어

접속부사와 접속사가 매회 1문제씩 출제되는 편이다.

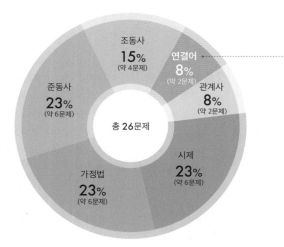

조동사
15%
(약 4문제)

연결어
8%
(약 2문제)

준동사
23%
(약 6문제)

관계사
8%
(약 2문제)

총 26문제

시제
23%
(약 6문제)

가정법
23%
(약 6문제)

접속부사	약 1문제
접속사	약 1문제
전치사	간혹 1문제 출제

지텔프·경찰·소방·군무원 시험정보 및 학습자료

Hackers.co.kr

정답 찾는 공식 23	'빈칸 + 콤마(,)' 앞뒤의 문장이 대조적이면 However를 고른다.
정답 찾는 공식 24	부사절과 주절이 인과관계를 가지면 because가 정답이다.

정답 찾는 공식 23 | '빈칸 + 콤마(,)' 앞뒤의 문장이 대조적이면 However를 고른다.

대표 문제로 정답 찾는 공식 확인하기

People assume that the Johnsons are strict with their children because the kids are so polite. ❶_____, they don't have harsh rules and depend on trust for good behavior.

(a) Therefore
(b) Later on
❷(c) However
(d) Moreover

❶ '빈칸 + 콤마(,)' 앞뒤의 문장이 대조적이다.
　앞: 엄격함
　뒤: 혹독한 규칙이 없음

❷ 따라서 '그러나'라는 뜻의 대조를 나타내는 접속부사 (c) However를 고른다.

➕ 이것도 알면 만점

○ '빈칸 + 콤마(,)'가 있으면 앞뒤 문장의 의미 관계에 따라, 문맥에 알맞은 접속부사를 고른다.

다양한 의미의 접속부사

대조	However 그러나　On the other hand 반면에	예시	For example/For instance 예를 들어
양보	Nevertheless/Nonetheless 그럼에도 불구하고	시간	At the same time 동시에　Later on 나중에
조건	Otherwise 그렇지 않으면　If so 그렇다면	비교	Similarly 비슷하게　Likewise 마찬가지로
결과	Finally 마침내　Eventually 결국 Therefore 따라서　Thus 따라서 Hence 따라서　As a result 결과적으로 After all 결국에는　Naturally 자연스럽게	첨언/ 이유	Moreover 더욱이　Furthermore 게다가 After all 어쨌든　Besides 게다가
		강조/ 부연	In fact 실제로　In truth 사실은　Indeed 사실 In other words 다시 말해서　Actually 사실상

Lance was driving too quickly. <u>As a result</u>, he got a speeding ticket.
Lance는 너무 빠르게 운전하고 있었다. 결과적으로, 그는 과속 딱지를 받았다.

Peter didn't get the job. <u>In truth</u>, he wasn't truly qualified for the position.
Peter는 그 일자리를 얻지 못했다. 사실은, 그는 엄밀히 그 직위를 위한 자격을 갖추지도 않았다.

공식 적용 문제

1. Scientists have certain methods for predicting earthquakes in the short term. _____, a minor tremor often precedes an earthquake by seconds.

   (a) For example
   (b) In other words
   (c) Naturally
   (d) However

2. Unlike the female insects, the smaller male mosquitoes do not require the protein from blood to produce eggs. _____, the males do not even bite at all.

   (a) Nonetheless
   (b) In fact
   (c) Otherwise
   (d) Finally

정답·해설·해석_해설집 p.31

정답 찾는 공식24 | 부사절과 주절이 인과관계를 가지면 because가 정답이다.

대표 문제로 정답 찾는 공식 확인하기

Melissa went to the Silver Pages bookstore to get the signature of her favorite author, Jill Walsh. **①** _____ the line was too long, she had to wait for two hours.

(a) Once
(b) After
② (c) Because
(d) Although

① 부사절과 주절이 인과관계를 가진다.
┌ 부사절: 줄이 너무 길었음 (원인)
└ 주절: 두 시간 동안 기다려야 했음 (결과)

② 따라서 이유를 나타내며 두 절을 연결하는 접속사 (c) Because(~이기 때문에)가 정답이다.

⊕ 이것도 알면 만점

◎ 부사절과 주절의 의미 관계에 따라, 문맥에 알맞은 접속사가 정답이다.

다양한 의미의 접속사

이유/목적	because/since/as/now that ~이기 때문에 so that/in order that ~하도록
양보/대조	although/even though 비록 ~일지라도 while 비록 ~이지만, ~하는 데 반하여 whereas ~하는 반면
조건	unless ~하지 않는다면 as long as ~하는 한 once 일단 ~하면 if ~한다면 in case that ~이라면
시간	whenever ~할 때마다 as soon as ~하자마자 곧 after ~한 이후에 as ~하는 동안에 until ~할 때까지

The audience began to scream loudly <u>as soon as</u> the band walked on stage.
청중은 그 밴드가 무대에 등장하자마자 곧 크게 소리를 지르기 시작했다.

🚨 함정 피하기

부사구와 주절을 연결하는 전치사 because of(~ 때문에), despite/in spite of(~에도 불구하고) 등도 간혹 지텔프에 출제되는데, 이때도 부사구와 주절의 의미 관계에 따라 문맥에 알맞은 전치사가 정답이다.

공식 적용 문제

1. Crossing the Sahara Desert is a physically-demanding challenge. _____ the journey is dangerous, one thousand individuals attempt to traverse the world's largest desert each year.

   (a) Whenever
   (b) Now that
   (c) Although
   (d) Unless

2. The food expenses and rental costs for the tents and tables are non-refundable. So, we decided not to cancel the company barbecue _____ the expected low turnout.

   (a) despite
   (b) because of
   (c) aside from
   (d) in addition to

정답·해설·해석_해설집 p.31

01 Mr. Simpson has a dilemma on his hands. He doesn't know how he should grade one of his student's term papers. _____ the work is of high quality, it was submitted after the deadline.

(a) As
(b) Provided that
(c) As long as
(d) While

02 Canada's air quality is among the least polluted in the world thanks in part to federal grants. The government in Alberta offers subsidies to businesses _____ they can be incentivized to adopt more environmentally sustainable practices.

(a) but
(b) whatever
(c) so that
(d) until

03 The forecast called for freezing temperatures before the football game between the Fresno Wildcats and the Wisconsin Buffaloes. _____, all the seats in the stadium were filled. The fans that showed up enjoyed a thrilling contest.

(a) Unsurprisingly
(b) In short
(c) Namely
(d) Nevertheless

04 Stocks represent a share of ownership in a company. _____, bonds can be thought of as loans one gives to a business or government. Having both types of securities in an investment portfolio can protect against economic instability.

(a) On the other hand
(b) In the first place
(c) Indeed
(d) More often than not

05 At the beginning of the wet season, Kelley got caught outside during a sudden rainstorm. She was unprepared and she got totally soaked. For the rest of the season, she made sure to take an umbrella with her _____ she left the house.

(a) as soon as
(b) no matter how
(c) whenever
(d) ever since

06 The lawyer's motion to appeal the guilty verdict given by the jury was dismissed by the judge. _____, the defendant should expect to receive his sentencing soon.

(a) On the contrary
(b) In other words
(c) For example
(d) Even so

07 Crystal ultimately decided not to purchase a car for financial reasons. Making the monthly payments would be challenging for her. _____, she would have to pay an extra fee for a parking spot at her apartment.

(a) In the meantime
(b) At last
(c) Moreover
(d) As a matter of fact

08 Even with a hurt hamstring, 17-year-old Usain Bolt was chosen by Jamaica to represent the country in the 2004 Olympics. He failed to qualify for the final race _____ the lingering effects of his leg injury though.

(a) in spite of
(b) because of
(c) other than
(d) instead of

09 Actor Keanu Reeves has amassed a net worth of over $350 million. _____ he could easily afford many of life's luxuries, he maintains a humble lifestyle. He still prefers to take the subway over being driven by a chauffeur.

(a) Although
(b) If
(c) Because
(d) Once

10 The American Welding Society certification process involves passing a written test and then a practical exam. It is strongly recommended that professionals obtain this credential. _____, they will not be able to work legally in some states.

(a) Afterwards
(b) Instead
(c) In truth
(d) Otherwise

11 Michael is planning an offshore fishing trip for the following weekend. He doesn't want his brother Robert to come along, but he's going to invite him anyway. _____, his brother is the only person he knows who owns a boat.

(a) Likewise
(b) All in all
(c) By contrast
(d) After all

12 Professor Renault has a tough attendance policy. He only allows two excused absences per semester. This means that even with excellent scores on tests and assignments, students won't get a passing grade _____ they have near-perfect attendance.

(a) as far as
(b) unless
(c) whereas
(d) whether

정답·해설·해석_해설집 p.32

CHAPTER 6
관계사

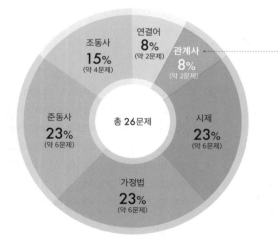

지텔프·경찰·소방·군무원 시험정보 및 학습자료

Hackers.co.kr

정답 찾는 공식 25   사물 선행사 뒤에 콤마(,)가 있으면 which를 고른다.

정답 찾는 공식 26   사물 선행사 뒤에 콤마(,)가 없으면 that이 온다.

정답 찾는 공식 27   사람 선행사가 있으면 who가 정답이다.

정답 찾는 공식 28   시간 선행사가 있으면 when, 장소 선행사가 있으면 where가 정답이다.

정답 찾는 공식25 사물 선행사 뒤에 콤마(,)가 있으면 which를 고른다.

대표 문제로 정답 찾는 공식 확인하기

Folding smartphones are sold at higher prices than traditional devices. This is because the foldable phone ❶parts, _____, are more expensive to produce.

(a) that include a complex hinge joint
❷(b) which include a complex hinge joint
(c) when include a complex hinge joint
(d) who include a complex hinge joint

❶ 사물 선행사 parts 뒤에 콤마(,)가 있다.

❷ 따라서 관계대명사 which를 포함한 (b) which include a complex hinge joint를 고른다.

➕ 이것도 알면 만점

○ 사물 선행사 뒤에 콤마(,)가 있으면 보기에 관계대명사 that이 있어도 which를 고른다.

Stephanie threw out a bowl, (which / that) was cracked. Stephanie는 그릇을 내던졌는데, 그것에는 금이 갔다.

→ 관계대명사 that도 사물 선행사를 꾸며주지만 콤마(,) 뒤에는 올 수 없다.

🚨 함정 피하기

사물 선행사 뒤에 콤마(,)가 없어도 관계대명사 which를 쓸 수 있지만, 지텔프에서는 관계대명사 which가 대부분 콤마(,)와 함께 정답으로 출제된다. 사물 선행사 뒤에 콤마(,)가 없는 경우, which가 보기에 있어도 어법에 맞지 않는 경우가 많다.

The coffee shop (that offers weekend discounts / which it offers weekend discounts) is always crowded with customers.
주말 할인을 제공하는 그 커피숍은 항상 손님들로 붐빈다.

→ 관계절에서 관계대명사가 사물 선행사 The coffee shop을 대신하여 동사 offers의 주어 역할을 하고 있다. 따라서 관계절에 주어 it이 있는 which it offers weekend discounts는 어법에 맞지 않는다. 관계대명사 which가 주어 역할을 할 때는 'which + 동사 ~'의 어순이면서 관계절에 주어가 없어야 하고, 목적어 역할을 할 때는 'which + 주어 + 동사 ~'의 어순이면서 관계절에 목적어가 없어야 한다.

공식 적용 문제

1. The Alabama Aardvarks are favored in the National Invitational Dodgeball Tournament. The competition, _____, will feature 16 of the best teams in the country.

(a) who begins this Friday
(b) that begins this Friday
(c) which begins this Friday
(d) whom begins this Friday

2. Brian was unexpectedly visited by his in-laws over the weekend. They complimented the condition of the apartment, _____, and dropped off some groceries before leaving.

(a) where he had cleaned that morning
(b) that he had cleaned that morning
(c) who he had cleaned that morning
(d) which he had cleaned that morning

정답·해설·해석_해설집 p.35

정답 찾는 공식 26 | 사물 선행사 뒤에 콤마(,)가 없으면 that이 온다.

대표 문제로 정답 찾는 공식 확인하기

The prize winners of the town's annual science fair were announced. ❶The project _____ demonstrated how plants adapt to environments devoid of sufficient amounts of sunlight.

(a) which it won first prize
(b) who won first prize
❷ (c) that won first prize
(d) what won first prize

❶ 사물 선행사 The project 뒤에 콤마(,)가 없다.

❷ 따라서 관계대명사 that을 포함한 (c) that won first prize가 온다.

☀︎ 함정 피하기

관계대명사 that은 사물 선행사와 사람 선행사를 모두 꾸며주지만, 지텔프에서는 대부분 사물 선행사와 함께 정답으로 출제된다. 사람 선행사가 주어질 때 that이 보기에 있어도 어법에 맞지 않는 경우가 많다.

The guest (who just walked in / that she just walked in) is a restaurant critic for the city newspaper.
방금 들어온 손님은 시 신문사의 음식점 비평가이다.

→ 관계절에서 관계대명사가 사람 선행사 The guest를 대신하여 동사 walked의 주어 역할을 하고 있다. 따라서 관계절에 주어 she가 있는 that she just walked in은 어법에 맞지 않는다.

공식 적용 문제

1. Cindy loves Victorian architecture. Many homes _____ are prominent throughout San Francisco, so the buildings in the city gave her a strong impression.

   (a) who feature this style
   (b) that feature this style
   (c) where feature this style
   (d) which they feature this style

2. Mandy might have to enroll in summer school to make up for her poor grades. This seems inevitable as the midterm exams _____ will further lower her overall score.

   (a) which she just failed it
   (b) who she just failed
   (c) that she just failed
   (d) why she just failed

정답·해설·해석_해설집 p.35

정답 찾는 공식27 | 사람 선행사가 있으면 who가 정답이다.

대표 문제로 정답 찾는 공식 확인하기

The computer mouse used to go by another, much longer name. **❶The man** _____ called it the X-Y position indicator for a display system.

(a) which invented the first one
(b) that he invented the first one
❷(c) who invented the first one
(d) where invented the first one

❶ 사람 선행사 The man이 있다.

❷ 따라서 관계대명사 who를 포함한 (c) who invented the first one이 정답이다.

⊕ 이것도 알면 만점

○ 사람 선행사 뒤에 콤마(,)가 있어도 관계대명사 who가 정답이다.

My neighbor has two friendly **children,** who greet me warmly in the mornings.
나의 이웃에게는 두 명의 친근한 아이들이 있는데, 그들은 아침마다 나에게 따뜻하게 인사한다.

→ 관계대명사 who는 콤마(,)가 있는 경우와 없는 경우에 모두 쓰일 수 있다.

함정 피하기

간혹 사람 선행사를 꾸며주는 목적격 관계대명사 whom 문제가 출제되기도 한다.

The leader is someone (whom you can rely on / who can rely on it). 지도자는 당신이 그 사람에게 의지할 수 있는 누군가이다.

→ who와 whom 모두 사람 선행사 뒤에서 목적격 관계대명사의 역할을 할 수 있다. 하지만 관계대명사가 관계절에서 사람 선행사 someone을 대신하여 rely on의 목적어 역할을 하고 있으므로, 'whom+ 주어(you) + 동사(can rely) ~'의 어순이면서 관계절 내에 목적어가 없는 whom you can rely on 이 정답이다.

공식 적용 문제

1. Felix made up his mind to transfer to another baseball squad. He aspires to play alongside teammates _____ games as much as he does.

(a) who care about winning
(b) that they care about winning
(c) which care about winning
(d) whose care about winning

2. I was grateful that so many friends attended my wedding to celebrate my special day. It was especially nice to see my old college roommate Ralph, _____.

(a) which I haven't seen in nearly a decade
(b) when I haven't seen in nearly a decade
(c) whom I haven't seen in nearly a decade
(d) who I haven't seen him in nearly a decade

정답 찾는 공식 28 | 시간 선행사가 있으면 when, 장소 선행사가 있으면 where가 정답이다.

대표 문제로 정답 찾는 공식 확인하기

Lindsey earns a living from renting out several residential properties in the city's uptown area. She began acquiring real estate in ❶2010, _____.

(a) who she purchased a small condo
(b) which she purchased a small condo
(c) where she purchased a small condo
❷(d) when she purchased a small condo

❶ 시간 선행사 2010이 있다.

❷ 따라서 관계부사 when을 포함한 (d) when she purchased a small condo가 정답이다.

⊕ 이것도 알면 만점

○ 관계절에 주어, 동사 등이 모두 갖추어진 완전한 문장이 있으면 관계부사 when이나 where가 정답이다.

The park (where I take walks / which I take walks) has been closed for renovation.
내가 산책하는 공원은 보수를 위해 폐쇄되었다.

→ The park를 사물로 보면 뒤에 관계대명사 which가 와야 한다고 생각할 수도 있지만, 관계대명사 which/that/who 뒤에는 주어 혹은 목적어가 갖추어지지 않은 불완전한 절이 와야 한다. 따라서 필수 성분을 모두 갖춘 완전한 문장을 이끌 수 있는 관계부사 where가 정답이다.

☼ 함정 피하기

관계사 뒤에 완전한 문장이 있다고 해서 무조건 관계부사 when 혹은 where를 고르면 오답일 수 있다. 소유격 관계대명사 뒤에도 완전한 문장처럼 보이는 것이 온다.

The musical stars an actor (whose singing ability is well-known / where her singing ability is well-known) in the industry.
그 뮤지컬은 업계에서 그의 가창 실력이 잘 알려진 배우를 출연시켰다.

→ 소유격 관계대명사 whose는 '~의'라는 의미로, 'whose + 명사'의 형태로 쓰이며 사람 선행사와 사물 선행사를 모두 꾸며줄 수 있다.

공식 적용 문제

1. Cassie's parents gave her a bottle of wine from 1994 for her birthday. In their card, they explained how they wanted to commemorate the year _____ in a special way.

(a) when she was born
(b) where she was born
(c) whose her was born
(d) which she was born

2. Coleman International has a new central headquarters. Employees are delighted with a more convenient commute to the downtown location _____.

(a) that several subway lines converge
(b) when several subway lines converge
(c) where several subway lines converge
(d) whose several subway lines converge

지텔프 만점 Test

01 The most valuable painting in the world is Leonardo da Vinci's *Salvator Mundi*. The piece, _____, sold for $450 million in 2017, the highest price ever recorded for a work of art.

(a) which was extensively restored
(b) who was extensively restored
(c) when was extensively restored
(d) that was extensively restored

02 Dylan loves living in the suburbs because of the clear air, the quiet, and the strong sense of community. His neighbor, _____, even brings him fresh herbs and vegetables from time to time.

(a) who grows her own produce
(b) how grows her own produce
(c) which grows her own produce
(d) that grows her own produce

03 Student elections will be canceled this school year at the Leafy Green Elementary School. Instead, the eligible students _____ will be selected as the presidents of their respective classes.

(a) who the teachers believe him to be the most responsible
(b) whom the teachers believe to be the most responsible
(c) which the teachers believe to be the most responsible
(d) whose the teachers believe to be the most responsible

04 Some people enjoy watching the same movies several times, and they say they experience different feelings each time they see them. However, I can't concentrate on a movie _____.

(a) which I've already seen it
(b) whom I've already seen
(c) that I've already seen
(d) how I've already seen

05 Megan is upset that one of her roommates ate the slice of cheesecake she had been saving in the refrigerator. She is determined to make the person _____ buy her a new one once she finds out who did it.

(a) whom consumed her precious dessert
(b) that she consumed precious dessert
(c) which consumed her precious dessert
(d) who consumed her precious dessert

06 Swiftly is a software that improves the speed and reliability of public transportation. It is employed in over 50 American cities _____ to deliver accurate passenger information to millions of riders each day.

(a) whose transit systems count on the platform
(b) that transit systems count on the platform
(c) when transit systems count on the platform
(d) which transit systems count on the platform

07 Snap Inc. is a camera and social media company. While its messaging application is incredibly popular, Snap Inc. has not found success with a physical product. It is ceasing production of its selfie drone, _____, due to poor macroeconomic conditions.

(a) that was released four months ago
(b) who was released four months ago
(c) which was released four months ago
(d) when was released four months ago

08 Working more than the full-employment standard of 40 hours per week hinders companies in the long run. In one study, those _____ suffered a 25 percent drop in productivity.

(a) which regularly worked overtime
(b) that they regularly worked overtime
(c) whom regularly worked overtime
(d) who regularly worked overtime

09 The principal of Bradbury High School held an assembly in the auditorium. He announced that the gym _____ will be torn down and rebuilt into additional classrooms in order to accommodate the school's increasing enrollment.

(a) when the volleyball team practices
(b) where the volleyball team practices
(c) which the volleyball team practices
(d) that the volleyball team practices

10 Pete Sampras is one of the most successful American tennis players in history. After a 14-year career, he retired in 2002 with 14 major titles to his name, _____, and over $40 million in prize money earnings.

(a) which was an all-time record at the time
(b) how was an all-time record at the time
(c) that was an all-time record at the time
(d) who was an all-time record at the time

11 Tronico Tech University will update its class registration system. Last semester, many students complained that the core classes, _____, were nearly impossible to sign up for as the system kept crashing.

(a) that are required for graduation
(b) whom are required for graduation
(c) where are required for graduation
(d) which are required for graduation

12 In addition to being a codebreaker during the Second World War, Alan Turing is also considered the father of modern computing. In fact, his contributions _____ are still in use today.

(a) which he formed the concept of algorithms
(b) when formed the concept of algorithms
(c) that formed the concept of algorithms
(d) who formed the concept of algorithms

정답·해설·해석_해설집 p.37

실전모의고사

실전과 동일한 난이도와 문제로 구성된 실전모의고사를 통해
시험장에 가기 전 마지막으로 최종 점검을 할 수 있다.

01 Andrew just found out about his school's photography contest from one of his classmates. Sadly, the deadline was yesterday, so he can no longer enter. If Andrew had heard about the contest before, he _____ one of his pictures.

(a) would have submitted
(b) submitted
(c) would submit
(d) had submitted

02 Last weekend, Noah was finally able to purchase his dream house! It's located close to a beautiful beach, which is why he loved the house. Before he bought it, he _____ money for over three decades.

(a) has saved
(b) was saving
(c) saved
(d) had been saving

03 Fishermen have caught lobsters that weigh up to 40 pounds. The lobsters that weigh the most are usually the oldest. This is because these creatures keep _____ throughout their lives, as they can shed their exoskeleton multiple times.

(a) to grow
(b) to have grown
(c) growing
(d) having grown

04 I am happy to hear that the upcoming World Dance Parade will go down my street! When the procession passes by my building later at 1:45 p.m., the Swedish dance team _____ on a float.

(a) performs
(b) will be performing
(c) has been performing
(d) had been performing

05 When humans engage in a stressful activity, they produce sweat and breath that are marked by a different chemical odor. According to research, pet dogs _____ perceive this change in smell and recognize when their owners are anxious or strained.

(a) might
(b) must
(c) would
(d) can

06 Many parents were disappointed that Peppermill High School announced its plan to continuously use traditional paper-based textbooks. If the school switched to tablets, students _____ noticeably lighter book bags.

(a) would carry
(b) would have carried
(c) had carried
(d) will be carrying

07 In preparation for flu season, Coach Conti sent an email to all the players on his lacrosse team. In it, he recommends that they _____ from wearing thin clothes outdoors and touching their face unnecessarily with unwashed hands.

(a) will refrain
(b) refrain
(c) would refrain
(d) are refraining

08 I'm sorry, but Carl can't come to the phone. He _____ the shed in the backyard right now and won't be available for another hour or two. I'll have him call you back when he's finished.

(a) is painting
(b) paints
(c) was painting
(d) has been painting

09 Similes and metaphors are slightly different types of figures of speech found in both fiction and nonfiction works. _____ similes use the words "like" or "as" to equate two dissimilar things, a metaphor states a direct comparison without the need for such words.

(a) As if
(b) Wherever
(c) While
(d) No matter how

10 The use of gasoline powered-vehicles drives climate change around the world. However, many governments have not shown a willingness to address this issue. If nations were to restrict car usage, greenhouse gas emissions _____ as a result.

(a) were decreasing
(b) will decrease
(c) would have decreased
(d) would decrease

11 I often become irritated with Aria's indecisive attitude. She can hardly decide anything on her own. Last night, when the waiter came to our table a second time to take our order, she _____ what dish to eat.

(a) is still picking
(b) was still picking
(c) has still been picking
(d) still picked

12 Nearly half of the students in Mr. Lowell's biology class are home sick with food poisoning. _____, he has no choice but to push the day's review test to the following week when there should be fewer absences.

(a) Meanwhile
(b) Rather
(c) Incidentally
(d) Thus

13 The delivery person was mistakenly reprimanded by his superiors for failing to deliver a parcel. Fortunately, he could clear his name because he possessed a signed form on which the customer acknowledged _____ the package.

(a) receiving
(b) to have received
(c) having been received
(d) to receive

14 Rod and Sandy shrieked! They just got the message that their immigration visas to the United States will be issued next month. By the time they obtain the official documents, they _____ for a year.

(a) were waiting
(b) had waited
(c) will have been waiting
(d) have been waiting

15 My homeroom teacher told me in a private talk after school that she is unsatisfied with my attitude so far this semester. She would feel better about my progress if I _____ more enthusiastic about my studies.

(a) were
(b) am
(c) would have been
(d) will be

16 Some people have a habit of saying "sorry" throughout the day even when they have done nothing wrong. According to psychologists, they apologize excessively because they are inclined _____ responsibility for the mistakes of others.

(a) to bear
(b) to have borne
(c) having borne
(d) bearing

17 Nathan felt bad that he couldn't donate any money to the charity when he was approached by a volunteer. He _____ some cash if he had brought his wallet with him on his afternoon run.

(a) was contributing
(b) would have contributed
(c) had contributed
(d) would contribute

18 Max loves how quickly he can traverse the city on a bicycle, but always tries to do so safely. He follows traffic laws and makes sure _____ to pedestrians in the crosswalks while riding on the street.

(a) yielding
(b) having yielded
(c) to be yielding
(d) to yield

19 It's time we start hiring applicants for the accounting supervisor position. First of all, could you please contact the candidate _____ and ask her when she is available for a recruitment meeting?

(a) that he sent this résumé
(b) which sent this résumé
(c) who sent this résumé
(d) whom sent this résumé

20 Journalists reporting on professional basketball pay too much attention to the drama that occurs off the court. To give their audience a better understanding of the sport, they _____ write more about the actual strategy of the game.

(a) will
(b) should
(c) might
(d) can

21 Austin is nervous about renting a car for the first time in his life for his upcoming vacation to Chicago. His friends warned him _____ photos of the car's condition before driving off the rental car lot.

(a) taking
(b) to have taken
(c) to take
(d) is taking

22 Brooke is totally committed to becoming a skilled saxophone player. Since last year when she was gifted the instrument for her birthday, she _____ the major scales constantly for six months now.

(a) is practicing
(b) will practice
(c) has been practicing
(d) will be practicing

23 Health experts say that sitting is the new smoking. To reduce the impact of the associated health risks, it is advised that an individual who stays seated for the majority of the day _____ at least once an hour.

(a) stand
(b) stands
(c) to stand
(d) standing

24 The coffee shop downtown sells metal straws as an alternative to the paper straws that come with drinks. Some customers dislike _____ paper straws even if they are recyclable and produce less waste than the original plastic ones.

(a) to use
(b) using
(c) to be using
(d) having used

25 Shawn's junior manager missed the mark during the pitch meeting with the investors. As a consequence, the company failed to get the funding it needed. Had Shawn delivered the presentation himself, the investors _____ by the proposal.

(a) are probably persuaded
(b) would probably be persuaded
(c) would have probably been persuaded
(d) had probably been persuaded

26 The eye doctor will move her clinic to a new location to provide cutting-edge facilities to her patients. She's concerned that regular visitors won't be willing to travel farther to receive her treatment. The new clinic, _____, is in a different neighborhood.

(a) when it is twice as big as the original space
(b) where is twice as big as the original space
(c) that is twice as big as the original space
(d) which is twice as big as the original space

정답·해설·해석_해설집 p.40

막판 20점 UP!
청취 & 독해
벼락치기 특강

지텔프 목표 점수를 단기간에 달성하기 위해 공략해야 할 핵심 영역은 문법이지만, 청취와 독해도 시험 직전의 막판 벼락치기로 최대 20점 상승을 노려볼 수 있다.

해커스 지텔프 문법
정답 찾는 공식 28

Level 2

지텔프·경찰·소방·군무원 시험정보 및 학습자료

Hackers.co.kr

1 청취 벼락치기 특강

📋 청취 영역의 특징

4개의 PART로 이루어지고, 27~52번까지의 총 26문제로 구성된다. 긴 대화 혹은 담화 지문을 듣고, 들려주는 질문에 가장 적절한 보기를 고르는 문제가 출제된다.

1. 문제지에는 보기만 인쇄되어 있다.

문제지에는 문제 번호와 보기만 인쇄되어 있고, 질문과 지문은 인쇄되어 있지 않아 음성으로만 들을 수 있다. 따라서 질문을 들려줄 때 핵심 내용을 간략히 메모해 두어야 한다.

2. 질문은 2회, 지문은 1회 들려준다.

음성은 '질문 → 지문 → 질문' 순서로 들려주며, 보기는 문제지에 제시되므로 들려주지 않는다. 지문은 한 번만 들려주므로 질문과 관련된 내용이 나오면 바로 문제를 푸는 것이 좋다.

3. 지문의 흐름에 따라 문제가 순서대로 출제된다.

각 문제의 정답 단서는 대부분 지문의 흐름에 따라 순서대로 언급되므로, 지문을 들으면서 주어진 문제 순으로 풀이하면 된다.

📋 문제 유형 한눈에 보기

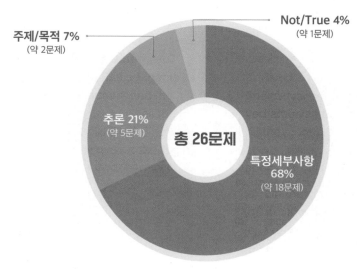

▲ 문제 유형별 출제 비율

4개의 문제 유형이 나오는데, 이 중 특정세부사항 문제가 가장 많이 출제된다.

출제 1순위 **(68%)**	**특정세부사항 문제** (의문사를 이용해 특정한 정보를 묻는 문제) ex **Why** did Steven apply for the exchange student program? 　Steven은 왜 교환학생 프로그램에 지원했는가? ex **Where** can customers buy the brand-new smart watch? 　고객들은 어디에서 신상 스마트 시계를 구매할 수 있는가?
출제 2순위 **(21%)**	**추론 문제** (화자가 결정한 것, 화자가 다음에 할 일 등을 묻는 문제) ex What has David **probably** decided to do after the conversation? 　David이 대화 후에 하기로 결정한 것은 무엇일 것 같은가? ex What will Jane **most likely** do during the upcoming weekend? 　Jane이 다가오는 주말 동안 할 일은 무엇일 것 같은가? TIP 주로 PART 1과 3 대화 지문의 마지막 문제로 빈출되는 다음에 할 일 문제의 경우, 음성의 마지막에 명확한 정답의 단서가 언급되는 편이라 쉽게 맞힐 수 있다.
출제 3순위 **(7%)**	**주제/목적 문제** (지문의 주제나 목적을 묻는 문제) ex What is the talk **mainly about**? 　담화는 주로 무엇에 대한 것인가? ex What is the **purpose** of the talk? 　담화의 목적은 무엇인가? TIP 주로 PART 2와 4의 첫 번째 문제로 출제되는 주제/목적 문제의 경우, 음성의 초반에 명확한 정답의 단서가 언급되는 편이라 쉽게 맞힐 수 있다. 특히 자기소개나 인사 뒤에 나오는 'I'd like to talk about ~'이나 'I am here to announce that ~'과 같은 표현의 주변 내용을 통해 주제나 목적을 파악할 수 있는 경우가 많다.
출제 4순위 **(4%)**	**Not/True 문제** (사실인 것/사실이 아닌 것을 묻는 문제) ex Which of the following is **not** a benefit of an electronic textbook? 　다음 중 전자 교과서의 장점이 아닌 것은? ex What is **true** about the new smart treadmill? 　새로운 스마트 러닝머신에 대해 사실인 것은?

PART별 핵심 전략

출제되는 4개의 PART 중 일상적인 어휘가 사용되는 PART 1과 3의 대화 지문이 상대적으로 청취하기에 수월하다.

	내용	문제 수
PART 1 2인 대화	인사/안부 → 경험담 소개 → 몇 차례의 질문과 대답 → 마무리 인사 **핵심 전략** 두 사람 중 실제로 경험한 사람의 발언에 특히 주목한다. **빈출 주제** 파티 또는 행사를 준비한 경험, 여행 혹은 휴양지에 다녀온 경험, 동아리 활동 경험, 아르바이트 경험, 교환학생을 다녀온 경험, 취미 활동 소개 등	7문제
PART 2 1인 담화	인사/자기소개(소속·직책 등) → 대상 소개 → 세부 사항 설명 → 마무리 인사 **핵심 전략** 소개/홍보 대상의 장점에 주목한다. **빈출 주제** 신기술을 접목한 신제품 홍보, 구독 서비스 홍보, 박람회·축제·이벤트 홍보, 기업 홍보 및 후원 요청 등	6문제
PART 3 2인 대화	인사/안부 → 두 가지 선택지 소개 → 장단점 비교 → 결정 및 추후 계획 암시 **핵심 전략** 최종 결정을 언급하는 마지막 발언에 주목한다. **빈출 주제** 아날로그 방식과 디지털 방식의 장단점 비교, 두 가지 전공의 장단점 비교, 두 가지 제품의 장단점 비교, 두 가지 주거 형태의 장단점 비교 등	6문제*
PART 4 1인 담화	인사/주의 환기 → 주제 소개 → 단계/항목별로 순차적 설명 **핵심 전략** 순서를 나타내는 말(First, Second, Third, Next, Finally 등)에 주목한다. **빈출 주제** 효율적인 업무 방법에 대한 조언, 환경을 보호하는 방법에 대한 조언, 건강을 관리하는 방법에 대한 조언, 동호회를 결성하는 절차 등	7문제*
		총 26문제

* 간혹 PART 3에서 7문제, PART 4에서 6문제가 출제되는 경우도 있다.

대표 지문의 흐름 및 빈출 문제

지텔프 청취 지문은 도입, 본론, 결론으로 구성된다. 도입부에서는 자기소개, 안부 인사, 주제 제시를 하고, 본론에서는 주제에 대한 세부 사항을 이야기하며, 결론에서는 끝인사를 나누거나 다음에 할 일을 언급한다.

	흐름	흐름에 따른 빈출 문제

[PART 1]

M: Hey, Jessica! What have you been up to these days?

F: Hi, Alex. I've been taking a coffee making course for beginners.

M: That's perfect for you. You love coffee.

F: Exactly. My passion for the beverage is the reason I joined the program.

도입: 주제 제시

지문의 주제/목적을 묻는 문제가 주로 출제된다.

Q. **What are Jessica and Alex discussing?**
Jessica와 Alex는 무엇을 논의하고 있는가?

A. **a class that Jessica is enrolled in**
Jessica가 등록한 수업

M: So what have you learned so far?

F: We just finished the first lesson, which was practicing how to make hand drip coffee. The process is much more complicated than I originally thought.

M: What do you mean? Don't you just pour hot water over coffee grounds?

F: You can do it that way, but then you lose out on the taste. Our teacher taught us how to grind the beans to the right consistency and to make sure to only use purified water. Next, we practiced the proper technique when pouring over the grounds. Slowly adding the water in a circular pattern is the secret to a great cup of coffee.

M: That sounds like a lot of work. Is it worth it?

F: Definitely! The flavor and aroma are both so much richer. It tastes just as good if not better than the hand drip coffee at cafés.

본론: 세부 사항

주제와 관련된 세부 사항을 묻는 문제들이 출제된다.

Q. **What did Jessica previously believe about hand drip coffee?**
Jessica는 핸드드립 커피에 대해 이전에 어떻게 생각했는가?

A. **It was simple to make.**
만들기 쉽다.

Q. **What is the key aspect of preparing delicious coffee?**
맛있는 커피를 준비하는 것의 핵심적인 측면은 무엇인가?

A. **the way the water is added**
물이 더해지는 방식

Q. **What can most likely be said about a drink made in the class?**
수업에서 만들어지는 음료에 대해 말해질 수 있는 것은 무엇일 것 같은가?

A. **The quality is similar to a coffee shop beverage.**
품질이 커피 가게의 음료와 비슷하다.

M: No way. I have to try this.

F: Why don't you come over sometime this weekend? I'm available.

M: I'd love to. Thanks!

F: No problem. I have some coffee beans from Columbia that I've been meaning to sample.

결론: 다음에 할 일

다음에 할 일을 묻는 문제가 주로 출제된다.

Q. **What will Jessica probably do during the upcoming weekend?**
Jessica는 다가오는 주말 동안에 무엇을 할 것 같은가?

A. **brew coffee for a friend**
친구를 위한 커피를 끓인다

지문 해석_해설집 p.45

📑 문제풀이 공략법

1. 보기를 읽으며 핵심 내용을 파악하라!

질문을 듣기 전, 문제지의 보기를 읽으며 키워드를 중심으로 핵심 내용을 파악한다.

보기	a class that Jessica is enrolled in	① 보기를 빠르게 훑어보며 읽는다.
↓		
키워드 찾기	class(명사), enroll(동사)	② 보기의 키워드가 무엇인지 파악한다. 키워드는 주로 명사와 동사가 중심이 된다.
↓		
보기 내용 파악	Jessica가 등록한 수업	③ 키워드를 통해 보기의 내용을 파악한다.

2. 질문을 들으며 키워드를 메모하라!

질문을 들으면서 의문사와 키워드를 메모한다.

질문	What are Jessica and Alex discussing?	① 의문사와 키워드를 중심으로 주의 깊게 듣는다.
↓		
키워드 메모하기	What(의문사), discussing(동사)	② 의문사와 키워드를 메모한다. 키워드는 주로 명사와 동사가 중심이 된다.
↓		
질문 내용 파악	Jessica와 Alex는 무엇을 논의하고 있는가?	③ 메모를 통해 질문의 내용을 파악한다.

* 키워드 메모 시에는, 본인이 잘 알아볼 수 있는 약어, 한글, 기호 등으로 빠르게 메모해야 한다.

3. 지문을 들으며 정답을 바로바로 선택하라!

미리 파악해 둔 보기와 질문 내용을 바탕으로, 지문을 들으며 알맞은 보기를 정답으로 선택한다. 지문은 한 번만 들려주므로 질문과 관련된 내용이 나오면 바로 문제를 풀고, 못 들은 문제는 과감하게 포기하는 것이 좋다.

> **TIP** 각 PART의 첫 문제와 마지막 문제를 공략하라!
>
> 청취는 지문을 빠른 속도로 들려주기 때문에, 모든 문제를 다 풀려고 하다 보면 지문의 흐름을 놓치기 쉽다. 따라서 각 PART의 첫 문제와 마지막 문제를 공략하여, PART별로 2문제씩 총 8문제는 꼭 맞히는 것을 전략으로 삼으면 좋다.

[문제지]

PART 3. You will hear a conversation between a man and a woman. You will hear questions 1 through 4 first, and then you will hear the conversation. Select the best answer to each question in the given time.

1. (a) what device is needed to shop online
    (b) where to purchase a product
    (c) why he should buy the latest shoes
    (d) how to get a new member discount

2. (a) because items may not fit properly
    (b) because comparing shoes takes time
    (c) because few clothing lines are web-based
    (d) because accessories cost extra

3. (a) One can pay in convenient installments.
    (b) One can gain more free merchandise.
    (c) One can find bigger sizes available.
    (d) One can get their goods immediately.

4. (a) find a popular delivery service
    (b) buy an item at the offline shop
    (c) exchange shoes that do not fit him
    (d) visit the official SRX shoe website

정답·스크립트·해석·해설_해설집 p.45

2 독해 및 어휘 벼락치기 특강

독해 및 어휘 영역의 특징

4개의 PART로 이루어지고, 53~80번까지의 총 28문제로 구성된다. 긴 지문을 읽고, 질문에 가장 적절한 보기를 고르는 문제가 출제된다.

1. 지문의 내용을 paraphrasing한 정답 보기가 출제된다.

독해 문제의 정답은 주로 지문의 내용을 비슷한 단어나 표현으로 바꾸어 표현한 것이므로, 올바른 paraphrasing을 파악하는 것이 중요하다.

2. 어휘 문제가 PART당 두 문제씩 출제된다.

각 PART의 마지막 두 문제로 어휘 문제가 고정 출제되며, 간혹 쉬운 어휘가 나오기도 하므로 어휘 문제를 공략하면 좋다.

3. 지문의 흐름에 따라 문제가 순서대로 출제된다.

문제는 주로 지문의 순서에 따라, 보통 한 단락에 한 문제씩 출제되는 편이므로, 지문을 읽으면서 한 문제씩 순서대로 풀이하면 된다.

문제 유형 한눈에 보기

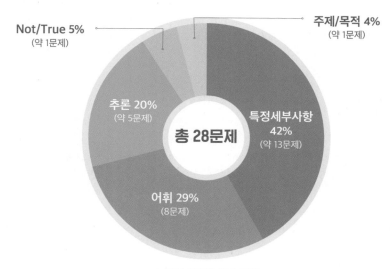

▲ 문제 유형별 출제 비율

5개의 문제 유형이 나오는데, 이 중 특정세부사항 문제가 가장 많이 출제된다.

출제 1순위 (42%)	**특정세부사항 문제** (의문사를 이용해 특정한 정보를 묻는 문제) ex **What** is F. Scott Fitzgerald best known for? 　F. 스콧 피츠제럴드는 무엇으로 가장 잘 알려져 있는가? ex **Where** did the word "etiquette" come from? 　'에티켓'이라는 단어는 어디에서 유래했는가? TIP PART 1의 첫 번째 문제로는 주로 인물이 유명한 이유를 묻는 문제가 나오는데, 1단락에서 명확한 정답의 단서를 찾을 수 있다.
출제 2순위 (29%)	**어휘 문제** (지문의 밑줄 친 어휘의 문맥상 유의어를 고르는 문제) ex In the context of the passage, proud means _____ . 　지문의 문맥에서, 'proud'는 -을 뜻한다. TIP 매회 8개씩 나오는 어휘 문제 중에는 난도가 낮은 문제도 포함되어 있으므로, 어휘 문제를 훑어보고 아는 어휘가 있으면 모두 푼다.
출제 3순위 (20%)	**추론 문제** (지문에 명시적으로 언급되지는 않았으나 추론 가능한 것을 묻는 문제) ex Why does Jason **probably** recommend Adam as a manager? 　Jason이 Adam을 운영자로서 추천하는 이유는 무엇인 것 같은가? ex How **most likely** was Bill able to join the record label? 　Bill은 어떻게 그 음반 회사에 합류할 수 있었던 것 같은가?
출제 4순위 (5%)	**Not/True 문제** (사실인 것/사실이 아닌 것, 지문에 언급된 것/언급되지 않은 것을 묻는 문제) ex Which is **not** true about Maradona's childhood? 　마라도나의 어린 시절에 관해 사실이 아닌 것은? ex Which statement is **true** about bats? 　박쥐에 대해 사실인 진술은?
출제 5순위 (4%)	**주제/목적 문제** (지문의 주제나 목적을 묻는 문제) ex What is the article **mainly about**? 　기사는 주로 무엇에 관한 것인가? ex What is the **main purpose** of the letter? 　편지의 주요 주제는 무엇인가? TIP 주로 PART 2, 3, 4의 첫 번째 문제로 나오는 주제/목적 문제는 다른 문제들에 비해 난도가 낮은 편이므로 1단락을 읽고 꼭 푸는 것이 좋다.

📑 PART별 핵심 전략

출제되는 4개의 PART 중 친숙한 주제를 다루는 PART 1과 4의 지문이 상대적으로 독해하기에 수월하다.

	내용	문제 수
PART 1 인물의 일대기	인물 소개 → 어린 시절 및 진로 선택 계기 → 청년 시절 및 초기 활동 → 주요 업적 및 활동 → 근황 및 평가 **핵심 전략** 시기별로 인물에게 일어난 중요한 사건 및 업적에 주목한다. **빈출 주제** 예술가(가수·작곡가·화가 등)의 일대기 및 시기별 대표 작품들, 직업인(요리사·기업가 등)의 일대기 및 시기별 주요 업적 등	7문제
PART 2 잡지/인터넷 기사	연구의 주제 → 연구의 계기 및 목적 → 연구의 결과 및 특징 → 연구의 의의 및 시사점 → 연구의 한계 및 추후 과제 **핵심 전략** 기사의 제목 및 기사에서 다루는 연구의 사회적 의의에 주목한다. **빈출 주제** 불치병의 치료법이나 신약 등의 발견 및 사회적 기대 효과, 새로운 고대 유적지·도시·정착지 등의 발견 및 역사적 의의, 첨단 기술의 발전 및 활용 방안, 새로운 사회 현상 소개 등	7문제
PART 3 지식 백과	정의 → 기원/어원 → 여러 가지 특징 나열 → 현황 **핵심 전략** 소재의 정의 및 특징에 주목한다. **빈출 주제** 동물 혹은 식물의 종·생김새·서식 지역 소개, 최근 유행하고 있는 게임·SNS·취미 활동의 인기 요인 소개, 역사적으로 중요한 사건이나 장소의 의의 소개 등	7문제
PART 4 비즈니스 편지	편지의 목적 → 세부 사항 → 요청 사항 → 끝인사 및 연락처 전달 **핵심 전략** 발신자가 편지를 쓴 목적에 주목한다. **빈출 주제** 불친절한 응대에 항의하거나 친절한 응대에 감사함을 전하는 편지, 새로운 정책이나 변경된 규정을 공지 혹은 안내하는 편지, 입사를 지원하는 편지, 사업을 제안하는 편지 등	7문제
		28문제

지텔프 독해 지문은 4~7개의 단락으로 구성된다. 1단락에서는 주제를 제시하고, 중간 단락들에서는 주제와 관련된 세부 사항을 설명하며, 마지막 단락에서는 의의, 근황 등을 언급한다.

| PART 1 | 흐름 | 흐름에 따른 빈출 문제 |

PART 1

Rabindranath Tagore

Rabindranath Tagore was a Bengali novelist, painter, essayist, and poet who is best known for being the first non-European to win the Nobel Prize in Literature.

도입:
주제 제시

주제, 목적, 유명한 이유를 묻는 문제가 출제된다.

Q. **What is Rabindranath Tagore famous for?**
라빈드라나트 타고르는 무엇으로 유명한가?

A. **receiving a notable award**
유명한 상을 받은 것

Rabindranath Tagore was born on May 7, 1861, in Kolkata, India, to father Debendranath Tagore and mother Sarada Devi. Tagore showed an early aptitude for the arts, writing his first poem at the age of seven. His father took the 12-year-old Tagore on a months-long educational trip of India because he wanted his son to learn about the world. During their travels, Tagore studied classical Sanskrit poetry and Sikh hymns.

He enrolled in a law school in England at his father's request in 1878. However, he quickly dropped out and passed his time in London reading Shakespeare and other prominent writers. Once he returned to India in 1880, he began publishing poems and short stories in his native Bengali language.

본론:
세부 사항

주제와 관련된 세부 사항을 묻는 문제가 출제된다.

Q. **Why did Tagore travel India as a boy?**
타고르는 소년일 때 왜 인도 여행을 했는가?

A. **to increase his knowledge of the world**
세상에 대한 그의 지식을 증대시키기 위해서

Q. **What is most likely true about *Song Offerings*?**
「신에게 바치는 송가」에 대해 사실인 것은 무엇일 것 같은가?

A. **It is shorter than the source material.**
원자료보다 짧다.

In 1912, Tagore translated his poetry collection, *Gitanjali*, into English. The translated version, entitled *Song Offerings*, featured significantly fewer poems than the original work. Based on the strength of *Song Offerings*, Tagore was awarded the Nobel Prize in Literature the following year.

어휘

밑줄 친 어휘의 유의어를 묻는 문제가 마지막 두 문제로 고정 출제되며, 어휘는 모든 단락에서 나올 수 있다.

Q. **In the context of the passage, publishing means _____.**
지문의 문맥에서, 'publishing'(출간하는)은 ~을 뜻한다.

A. **releasing**
출시하는

The last decades of his life were spent interacting with government dignitaries and other celebrated figures, including Albert Einstein and Mahatma Gandhi. Tagore died at the age of 80 in 1941.

결론:
의의 및 현황

주제의 의의 혹은 현황을 묻는 문제가 출제된다.

Q. **How did Tagore spend his final years?**
타고르는 그의 말년을 어떻게 보냈는가?

A. **meeting with distinguished individuals**
유명한 사람들을 만나면서

지문 해석_해설집 p.47

📑 문제풀이 공략법

1. 지문에서 질문의 키워드를 찾아라!

지텔프 독해 문제의 핵심은 질문을 읽고 올바른 키워드를 파악한 뒤, 지문 속에서 이를 찾아내는 것이다. 세부적인 내용을 묻기 때문에 키워드 주변 내용을 주의 깊게 살피면 쉽게 정답을 찾을 수 있다. 정답은 일반적으로 지문의 내용이 그대로 언급되어 있거나 paraphrasing된 형태이다.

질문 유형 파악	What is most likely true about *Song Offerings*?	① 질문을 읽고, most likely true를 통해 사실을 추론하는 문제임을 파악한다.
↓		
키워드 찾기	*Song Offerings* (명사)	② 질문의 키워드가 무엇인지 파악한다. 키워드는 주로 명사와 동사가 중심이 된다.
↓		
지문	The translated version, entitled *Song Offerings*, featured significantly fewer poems than the original work.	③ 질문의 키워드 *Song Offerings*가 그대로 언급된 부분을 지문에서 찾는다.

2. 지문의 단서를 올바르게 paraphrasing한 정답을 찾아라!

지문에서 확인한 정답의 단서를 알맞게 표현한 보기를 정답으로 선택한다.

정답 단서	The translated version, entitled *Song Offerings*, featured significantly fewer poems than the original work.	① 키워드 *Songs Offerings* 주변의 정답 단서를 파악한다.
↓		
정답	It is shorter than the source material.	② fewer(적은)를 shorter(짧은)로, original work(원작)를 source material(원자료)로 올바르게 paraphrasing한 보기를 정답으로 고른다.

> **TIP** **PART 1, 4를 공략하라!**
>
> 독해 및 어휘 영역의 PART 1에는 인물의 일대기가 출제되기 때문에, 예상 가능한 흐름으로 인물의 출생부터 말년까지의 내용이 이어지고, 사용되는 어휘도 친숙하다. PART 4 또한 편지 지문이므로 전문적인 어휘가 많이 포함되어 있지 않아 독해가 수월하다. 따라서 PART 1, 4를 먼저 풀고 시간이 남는 경우 다른 PART를 푸는 것이 좋다.

[지문]

PART 4. Read the business letter below and answer the questions. The underlined word is for the vocabulary question.

August 20, 2024

Mr. Wesley Newman
Client Care Manager
Double C Communications
17 Anza Boulevard
Cupertino, CA, 95014

Dear Mr. Newman,

I would like to inform you that I have been experiencing a recurring problem with my Internet speed for the last month.

I have called the service hotline a few times and phone operators have kindly taught me how to reset the system. While this solution works for a few hours, eventually the WiFi starts slowing down again.

I must have this matter resolved quickly. I am starting an online course in two weeks and will need to have a <u>reliable</u> Internet connection to attend the virtual lectures. Considering the price of my service package, I shouldn't have to go to a coffee shop or public library to use the Internet.

Therefore, I'm requesting that a technician visit my house this week to repair or replace my device.

Thank you,
Shirley Campbell

[문제]

1. Why did Shirley Campbell write a letter to Wesley Newman?

   (a) to complain about a prolonged issue
   (b) to pay last month's service bill
   (c) to notify him of a positive experience
   (d) to renew her Internet plan

2. How did the telephone operators assist Campbell?

   (a) by providing a temporary answer
   (b) by being available at all times
   (c) by finding the problem's cause
   (d) by directly resetting the system

3. According to the letter, what will Campbell probably do if the Internet is not fixed soon?

   (a) switch over to a different service package
   (b) bring her device to the service center
   (c) look outside her home for other WiFi options
   (d) attend the offline version of a virtual class

4. In the context of the passage, <u>reliable</u> means _____.

   (a) approved
   (b) dependable
   (c) respected
   (d) honest

정답·해석·해설_해설집 p.47

MEMO

MEMO

해커스 지텔프 문법

Level 2

정답 찾는 공식 28

초판 2쇄 발행 2024년 9월 23일
초판 1쇄 발행 2022년 12월 9일

지은이	해커스 어학연구소
펴낸곳	㈜해커스 어학연구소
펴낸이	해커스 어학연구소 출판팀

주소	서울특별시 서초구 강남대로61길 23 ㈜해커스 어학연구소
고객센터	02-537-5000
교재 관련 문의	publishing@hackers.com
동영상강의	HackersIngang.com

ISBN	978-89-6542-529-8 (13740)
Serial Number	01-02-01

해커스 지텔프 문법

Level 2

정답 찾는 공식 28

점수 잡는 해설집

해커스 어학연구소

해커스
지텔프 문법 Level 2

정답 찾는
공식 28

점수 잡는 해설집

해커스 어학연구소

Chapter 1 시제

정답 찾는 공식 01
p.34

right now가 있으면 현재진행 시제가 정답이다.

예제 해석
Kate는 다음 주 토요일에 있을 친구의 생일 파티에서 그녀의 친구를 위해 피아노로 노래를 연주하고 싶어 한다. 바로 지금, 그녀는 거실에서 그 곡을 연습하고 있는 중이다.

어휘 number (한 곡의) 노래 practice 연습하다

공식 적용 문제

1	c	2	d						

1

단서 Currently

해설 빈칸 문장에 Currently(현재)가 있다. 따라서 currently와 함께 쓰여 현재 진행 중인 동작(개가 짖고 있는 중임)을 나타내는 현재진행 시제 (c) are barking이 정답이다.

오답 분석 (a) 단순현재 시제는 일반적인 사실이나 반복적인 습관을 나타내므로, 말하고 있는 현재 시점을 가리키는 시간 표현인 currently와 함께 쓰이면 어색하여 오답이다.

해석 Mountain Creek 호텔의 화가 난 고객들은 항의를 하기 위해 접수처에 전화를 해 오고 있는 중이다. 현재, 객실 중 한 곳에서 두 마리의 개가 시끄럽게 짖고 있는 중이다.

어휘 reception 접수처, 프런트 complaint 항의
loudly 시끄럽게, 크게 bark (개가) 짖다

2

단서 now

해설 보기에 now(지금)가 있다. 따라서 now와 함께 쓰여 현재 진행 중인 일(말하고 있는 중임)을 나타내는 현재진행 시제 (d) is now speaking이 정답이다. 참고로 지텔프에서는 보기에 now가 포함된 현재진행 시제 문제가 자주 출제된다.

오답 분석 (c) 단순현재 시제는 일반적인 사실이나 반복적인 습관을 나타내므로, 말하고 있는 현재 시점을 가리키는 시간 표현인 now와 함께 쓰이면 어색하여 오답이다.

해석 Mary는 여행사에서 점원의 말을 이해할 수 없기 때문에 압도된 느낌을 받고 있다. 그는 지금 너무 빠르게 말하고 있는 중이라서 그녀는 단 한 단어도 이해할 수가 없다.

어휘 overwhelmed 압도된 clerk 점원, 직원
comprehend 이해하다

정답 찾는 공식 02
p.35

'when + 주어 + 과거 동사'가 있으면 과거진행 시제를 고른다.

예제 해석
Anna와 Joe는 그들의 새로운 이웃을 바비큐 파티에 초대하기 위해 옆집에 갔다. 그들이 거기에 도착했을 때, 이웃은 그들의 새집을 꾸미고 있는 중이었다.

어휘 decorate 꾸미다, 장식하다

공식 적용 문제

1	a	2	d						

1

단서 When they entered

해설 빈칸 문장에 'when + 주어 + 과거 동사'(When they entered)가 있다. 따라서 when 부사절이 가리키는 과거 시점에 진행 중이었던 동작(꼬리를 흔들고 있는 중이었음)을 나타내는 과거진행 시제 (a) were wagging이 정답이다.

해석 소방관들은 불타고 있는 건물 안에 동물들 또한 갇혀 있다는 것을 알지 못했다. 화재를 진압하기 위해 그들이 거실에 진입했을 때, 개들은 꼬리를 흔들고 있는 중이었다.

어휘 realize 알다, 깨닫다 trap 가두다 front room 거실, 응접실
put out (화재를) 진압하다, (불을) 끄다 tail 꼬리
wag (개가 꼬리를) 흔들다

2

단서 While ~ dropped

해설 빈칸 문장에 'while ~ 과거 동사'(While ~ dropped)가 있다. 따라서 과거 동사가 가리키는 일이 발생했던 과거 시점에 진행 중이었던 동작(사진을 찍고 있던 중이었음)을 나타내는 과거진행 시제 (d) was taking이 정답이다. 참고로 과거진행 시제 문제에는 last week과 같이 과거 시점을 나타내는 시간 표현이 자주 등장한다.

오답 분석 (c) 단순과거 시제는 과거의 종료된 일이나 사건을 나타내므로, 특정 과거 시점에 진행 중이었던 동작을 나타낼 수 없어 오답이다.

해석 나는 언제나 운이 제일 나쁘다! 내가 지난주에 동물원에서 사진을 찍고 있던 중에, 나는 카메라를 떨어뜨렸고 그것은 완전히 고장 났다. 그것을 수리하는 것은 비용이 많이 들 것이다.

어휘 completely 완전히 break 고장 나다 repair 수리하다

'when + 주어 + 현재 동사'가 있으면 미래진행 시제가 온다.

예제 해석	Tony는 그의 형제자매보다 훨씬 더 느리게 먹어서, 종종 특식을 소량 먹는 것으로 만족해야 한다. 오늘 밤에 그가 그의 저녁 식사를 끝낼 때, 그들은 <u>이미 후식을 먹고 있는 중일 것이다.</u>
어휘	sibling 형제자매, 동기 settle for ~으로 만족하다 bite 소량의 음식, 한 입 treat 특식

공식 적용 문제

1	d	2	a					

1

단서	When he arrives
해설	빈칸 문장에 'when + 주어 + 현재 동사'(When he arrives) 가 있다. 따라서 when 부사절이 가리키는 미래 시점에 진행 중일 일(연설을 하고 있는 중일 것임)을 나타내는 미래진행 시제 (d) will be speaking이 정답이다.
오답 분석	(c) 단순미래 시제는 미래의 약속이나 예측을 나타내므로, 특정 미래 시점에 진행 중일 일을 나타낼 수 없어 오답이다.
해석	기계공학 세미나는 낮 12시에 시작하지만, Andy는 낮 12시 15분이 되어서야 간신히 회의장에 도착할 것이다. 그가 도착할 때, 발표자는 연단에서 <u>연설을 하고 있는 중일 것이다.</u>
어휘	mechanical engineering 기계공학 noon 낮 12시, 정오 get to ~에 도착하다 convention 회의, 대회 not ~ until -가 되어서야 간신히 ~하다 podium 연단

2

단서	By the time you receive
해설	빈칸 문장에 'by the time + 주어 + 현재 동사'(By the time you receive)가 있다. 따라서 by the time 부사절이 가리키는 미래 시점에 진행 중일 일(여행하고 있는 중일 것임)을 나타내는 미래진행 시제 (a) will be traveling이 정답이다. 참고로 미래진행 시제 문제에는 next week과 같이 미래 시점을 나타내는 시간 표현이 자주 등장한다.
해석	나는 이 편지와 내가 가장 좋아하는 얼그레이 차 한 상자를 런던으로부터 보내고 있어. 다음 주에 네가 그것들을 받을 무렵에, 나는 파리를 <u>여행하고 있는 중일 거야.</u>
어휘	receive 받다, 수령하다

'since + 과거 시점'이 있으면 현재완료진행 시제를 쓴다.

예제 해석	우리 팀의 관리자는 무선 헤드폰 신제품의 옥외 광고 외관에 깊은 인상을 받지 않았다. 따라서, 우리는 지난주 금요일 이래로 그것들을 <u>다시 디자인해 오고 있는 중이다.</u>
어휘	impress 깊은 인상을 주다 billboard 옥외 광고(판) ad 광고(advertisement의 약자) wireless 무선의 redesign 다시 디자인하다

공식 적용 문제

1	c	2	b					

1

단서	since yesterday
해설	빈칸 문장에 'since + 과거 시점'(since yesterday)이 있다. 따라서 since 부사구가 가리키는 과거 시점부터 현재까지 계속 진행되어 오고 있는 일(정리해 오고 있는 중임)을 나타내는 현재완료진행 시제 (c) has been arranging이 정답이다.
해석	Jenny는 그녀의 오빠가 가족의 집에서 이사 나갔기 때문에 더 큰 침실을 이어받아서 사용하게 되어 완전히 신이 나 있다. 그녀는 어제 이래로 그녀의 새 방을 <u>정리해 오고 있는 중이다.</u>
어휘	absolutely 완전히 thrilled 신이 난, 흥분한 take over 이어받아서 사용하다, 인계받다 now that ~하기 때문에

2

단서	for three ~ days now
해설	빈칸 문장에 'for + 기간 + now'(for three ~ days now) 가 있다. 따라서 '지금까지 ~ 동안'이라는 의미를 가져 과거 시점부터 현재까지 사흘 동안 계속 진행되어 오고 있는 일(가 오고 있는 중임)을 나타내는 현재완료진행 시제 (b) has been going이 정답이다.
해석	Sarah는 그녀의 지역에 생긴 새로운 인도 음식점을 좋아한다. 그것은 맛있는 요리를 합리적인 가격에 제공한다. 그래서, 그녀는 지금까지 사흘 동안 연속으로 그곳에 점심을 먹으러 <u>가 오고 있는 중이다.</u>
어휘	neighborhood 지역, 주위, 이웃 tasty 맛있는 dish 요리, 접시 reasonable 합리적인, 타당한 successive 연속적인, 잇따른

'before + 주어 + 과거 동사'가 있으면 과거완료진행 시제가 정답이다.

예제 해석   후버댐은 대공황 동안에 애리조나주와 네바다주 사이의 경계 지역에 건설되었다. 1936년에 그것이 완성되기 전에, 노동자들은 그것을 5년 동안 <u>지어 오고 있던 중이었다</u>.

어휘   construct 건설하다   Great Depression 대공황 border 경계 지역, 국경

공식 적용 문제

1	d	2	c						

1

단서   Before he switched

해설   빈칸 문장에 'before + 주어 + 과거 동사'(Before he switched)가 있다. 따라서 대과거(복무하기 시작했던 시점)부터 before 부사절이 가리키는 과거 기준 시점까지 계속 진행되어 오고 있었던 일(복무해 오고 있던 중이었음)을 나타내는 과거완료진행 시제 (d) had been serving 이 정답이다. 참고로 과거완료진행 시제는 주로 지속을 나타내는 표현 'for + 기간'(for three decades)과 함께 쓰인다. 또한, 빈칸 문장에 '~ 전에'라는 뜻의 '기간 + ago'(five years ago)와 같이 과거 시점을 나타내는 시간 표현이 자주 등장한다.

해석   그 전직 장군은 지금 민간경비 회사에서 일하고 있는 중이다. 5년 전에 그가 경력을 바꾸기 전에, 그는 30년 동안 군대에서 <u>복무해 오고 있던 중이었다</u>.

어휘   former 전의, 과거의   general 장군 private security 민간경비   firm 회사   switch 바꾸다 armed forces 군대   serve 복무하다

2

단서   until it was called off

해설   빈칸 문장에 'until + 주어 + 과거 동사'(until it was called off)가 있다. 따라서 대과거(준비하기 시작했던 시점)부터 until 부사절이 가리키는 과거 기준 시점까지 계속 진행되어 오고 있었던 일(준비해 오고 있던 중이었음)을 나타내는 과거완료진행 시제 (c) had been preparing이 정답이다. 참고로 과거완료진행 시제는 주로 지속을 나타내는 표현 'for + 기간'(for six months)과 함께 쓰이며, 빈칸 문장에 last week과 같이 과거 시점을 나타내는 시간 표현이 자주 등장한다.

해석   Elise와 나는 아직도 댄스 경연의 취소에 대해 의기소침하다. 지난주에 그것이 취소될 때까지 우리는 6개월 동안 무대를 <u>준비해 오고 있던 중이었다</u>.

어휘   depressed 의기소침한, 우울한   cancellation 취소 call off 취소하다

'by the time + 주어 + 현재 동사'와 'for + 기간'이 있으면 미래완료진행 시제가 온다.

예제 해석   최상의 맛을 내기 위해, 스파게티 소스를 저온에서 뚜껑이 덮인 냄비에 천천히 끓여라. 소스가 준비될 무렵에, 그것은 세 시간 동안 <u>조리되어 오고 있는 중일 것이다</u>.

어휘   bring out 내다, 끌어내다   flavor 맛   simmer 끓이다

공식 적용 문제

1	a	2	c						

1

단서   for two years by the time he finishes

해설   빈칸 문장에 'by the time + 주어 + 현재 동사'(by the time he finishes)와 'for + 기간'(for two years)이 있다. 따라서 과거(조각하기 시작한 시점)부터 by the time 부사절이 가리키는 미래 시점까지 2년 동안 계속 진행 중일 일(조각해 오고 있는 중일 것임)을 나타내는 미래완료진행 시제 (a) will have been sculpting이 정답이다. 참고로 미래완료진행 시제 문제에는 next month와 같이 미래 시점을 나타내는 시간 표현이 자주 등장한다.

해석   이것은 그 예술가가 한 프로젝트에 역대 가장 긴 시간 동안 일해 온 것이다. 다음 달에 그가 그것을 완성할 무렵에 그는 그 건축물을 2년 동안 <u>조각해 오고 있는 중일 것이다</u>.

어휘   monument 건축물, 기념물   sculpt 조각하다

2

단서   By 2033 ~ for ~ a decade

해설   빈칸 문장에 'by + 미래 시점'(By 2033)과 'for + 기간'(for ~ a decade)이 있다. 따라서 과거(돌아다니기 시작한 시점)부터 by 부사구가 가리키는 미래 시점까지 10년 동안 계속 진행 중일 일(돌아다녀 오고 있는 중일 것임)을 나타내는 미래완료진행 시제 (c) will have been navigating이 정답이다.

해석   그 망원경은 성공적으로 궤도에 도달했고 그것의 가동 기간 동안 쭉 예정된 비행 계획을 따를 것으로 기대된다. 2033년 무렵이면, 그것은 10년이 넘는 동안 우주를 <u>돌아다녀 오고 있는 중일 것이다</u>.

어휘   telescope 망원경   reach ~에 도달하다, 이르다   orbit 궤도 throughout ~ 동안 쭉   operational 가동 상의, 운영상의 navigate 돌아다니다, 항해하다

p.40

01	a	02	c	03	c	04	b	05	d	06	b
07	d	08	a	09	b	10	c	11	a	12	c
13	c	14	b	15	b	16	d	17	c	18	c
19	d	20	a	21	b	22	b	23	a	24	d

01 현재진행 시제 [정답 찾는 공식 01] 정답 (a)

단서 At the moment

해설 빈칸 문장에 At the moment(바로 지금)가 있다. 따라서 at the moment와 함께 쓰여 현재 진행 중인 일(찾고 있는 중임)을 나타내는 현재진행 시제 (a) are searching이 정답이다.

해석 Darin과 Katie의 딸은 춤추는 것과 텔레비전의 노래 프로그램을 시청하는 것을 즐기면서, 어린 나이에도 음악에 대한 엄청난 관심을 보여 왔다. 바로 지금, 부모는 그녀의 열정을 발전시켜 줄 피아노 교사를 찾고 있는 중이다.

어휘 immense 엄청난, 어마어마한 instructor 교사, 강사 foster 발전시키다, 조성하다 passion 열정

02 과거완료진행 시제 [정답 찾는 공식 05] 정답 (c)

단서 for 60 years when he ~ retired

해설 빈칸 문장에 'when + 주어 + 과거 동사'(when he ~ retired)와 'for + 기간'(for 60 years)이 있다. 따라서 대과거(공연하기 시작했던 시점)부터 when 부사절이 가리키는 과거 기준 시점까지 60년 동안 계속 진행되어 오고 있었던 일(공연해 오던 중이었음)을 나타내는 과거완료진행 시제 (c) had been performing이 정답이다.

해석 베스트셀러 음악가인 프랭크 시나트라는 그의 21번째 생일 전에 급격히 인기를 얻어 절대 멈출 것으로 보이지 않았던 길고 저명한 경력을 가졌다. 1995년에 마침내 그가 은퇴했을 때 그는 60년 동안 공연해 오고 있던 중이었다.

어휘 illustrious 저명한, 걸출한 take off 급격히 인기를 얻다, 날아오르다 retire 은퇴하다

03 미래완료진행 시제 [정답 찾는 공식 06] 정답 (c)

단서 By the time the plane is ~ for 18 hours

해설 빈칸 문장에 'by the time + 주어 + 현재 동사'(By the time the plane is)와 'for + 기간'(for 18 hours)이 있다. 따라서 현재 시점부터 by the time 부사절이 가리키는 미래 시점까지 18시간 동안 계속 진행 중일 일(비행해 오고 있는 중일 것임)을 나타내는 미래완료진행 시제 (c) will have been flying이 정답이다.

오답분석 (d) 미래진행 시제는 특정 미래 시점에 한창 진행 중일 일을 나타내고, 지속을 나타내는 표현인 'for + 기간'(for 18 hours)과 함께 쓰이지 않으므로 오답이다.

해석 뉴욕과 싱가포르 사이의 직항 항공편이 금방 이륙한다. 그 비행기가 착륙할 준비가 될 무렵, 승객들은 18시간 동안 구천 마일이 넘는 거리를 비행해 오고 있는 중일 것이다.

어휘 non-stop 직항의 take off 이륙하다 in a minute 금방, 곧 land 착륙하다 passenger 승객

04 과거진행 시제 [정답 찾는 공식 02] 정답 (b)

단서 stepped ~ while

해설 빈칸 문장에 '과거 동사 ~ while'(stepped ~ while)이 있다. 따라서 과거 동사가 가리키는 일이 발생했던 과거 시점에 진행 중이었던 동작(뛰고 있던 중이었음)을 나타내는 과거진행 시제 (b) was running이 정답이다. 참고로 과거진행 시제 문제에는 첫 번째 문장의 last Sunday와 같이 과거 시점을 나타내는 시간 표현이 자주 등장한다.

오답분석 (c) 단순과거 시제는 과거의 종료된 일이나 사건을 나타내므로, 특정 과거 시점에 진행 중이었던 동작을 나타낼 수 없어 오답이다.

해석 Scott은 지난주 일요일에 생긴 부상으로 인해 대학 병원에서 발목 엑스레이를 찍을 예정이다. 그는 풀로 덮인 산길을 뛰고 있던 중에 잘못하여 허방을 디뎠다.

어휘 be scheduled to ~할 예정이다 get an X-ray 엑스레이를 찍다 ankle 발목 injury 부상 accidentally 잘못하여 step in a hole 허방을 디디다 grassy 풀로 덮인 trail 산길, 오솔길

05 과거진행 시제 [정답 찾는 공식 02] 정답 (d)

단서 When the smoke alarm ~ beeped

해설 빈칸 문장에 'when + 주어 + 과거 동사'(When the smoke alarm ~ beeped)가 있다. 따라서 when 부사절이 가리키는 과거 시점에 진행 중이었던 일(고르고 있는 중이었음)을 나타내는 과거진행 시제 (d) was choosing이 정답이다.

오답분석 (b) 단순과거 시제는 과거의 종료된 일이나 사건을 나타내므로, 특정 과거 시점에 진행 중이었던 일을 나타낼 수 없어 오답이다.

해석 나는 내가 전자레인지 안의 팝콘을 태워버렸다는 것을 심지어 깨닫지도 못했다. 연기 탐지기가 마침내 삐 소리를 냈을 때, 나는 거실에서 어떤 영화를 시청할지 고르고 있는 중이었다.

어휘 realize 깨닫다 microwave 전자레인지 smoke alarm 연기 탐지기 beep 삐 소리를 내다

06 현재완료진행 시제 [정답 찾는 공식 04]   정답 (b)

단서 since he started

해설 빈칸 문장에 'since + 주어 + 과거 동사'(since he started)가 있다. 따라서 since 부사절이 가리키는 과거 시점부터 현재까지 계속 진행되어 오고 있는 일(말해 오고 있는 중임)을 나타내는 현재완료진행 시제 (b) has been speaking이 정답이다.

오답 분석 (a) 현재진행 시제는 말하고 있는 현재 시점에 한창 진행 중인 동작을 나타내므로, '~ 이래로'를 의미하여 과거부터 현재까지의 지속을 나타내는 since와 함께 쓰이지 않아 오답이다.

해석 Patterson 가족은 미국에 살지만, 그들의 아들은 영국 만화 영화 시리즈인 「페파 피그」를 매우 좋아한다. 그는 실제로 그가 그 프로그램을 보기 시작한 이래로 줄곧 영국 억양으로 말해 오고 있는 중이다.

어휘 animated 만화 영화의   accent 억양

07 현재완료진행 시제 [정답 찾는 공식 04]   정답 (d)

단서 for several years now

해설 빈칸 문장에 'for + 기간 + now'(for several years now)가 있다. 따라서 '지금까지 ~ 동안'이라는 의미를 가져 과거 시점부터 현재까지 계속 진행되어 오고 있는 일(잃어 오고 있는 중임)을 나타내는 현재완료진행 시제 (d) has been losing이 정답이다.

오답 분석 (a) 현재진행 시제는 지속을 나타내는 표현인 'for + 기간'(for several years)과 함께 쓰이지 않으므로 오답이다.

해석 전국적인 백화점인 Morrison's의 회장은 Gainesville 지점을 폐점하는 것을 고려하고 있다. 그것은 더 이상 수익성이 좋지 않고 지금까지 수년 동안 지역 경쟁사에 고객을 잃어 오고 있는 중이다.

어휘 chairperson 회장, 의장   nationwide 전국적인
consider 고려하다   branch 지점   profitable 수익성이 좋은
competitor 경쟁자

08 과거완료진행 시제 [정답 찾는 공식 05]   정답 (a)

단서 Before he said ~ for ~ 20 minutes

해설 빈칸 문장에 'before + 주어 + 과거 동사'(Before he said)와 'for + 기간'(for ~ 20 minutes)이 있다. 따라서 대과거(발표하기 시작한 시점)부터 before 부사절이 가리키는 과거 기준 시점까지 20분 동안 계속 진행되어 오고 있었던 일(말해 오고 있던 중이었음)을 나타내는 과거완료진행 시제 (a) had been addressing이 정답이다.

오답 분석 (c) 과거진행 시제는 특정 과거 시점에 진행 중이었던 일을 나타내고, 지속을 나타내는 표현인 'for + 기간'(for ~ 20 minutes)과 함께 쓰이지 않으므로 오답이다.

해석 Mr. Lee는 그 학생의 상세한 과제에 고마워하기는 했지만, 그는 다른 학생들이 발표할 시간을 가지도록 그녀에게 서둘러 결론을 내리라고 말해야 했다. 그가 무언가를 말하기 전에, 그녀는 거의 20분 동안 학급에 말해 오고 있던 중이었다.

어휘 appreciate 고마워하다   detailed 상세한   project 과제
conclude 결론을 내리다   present 발표하다
address (누구에게) 말을 하다, 연설하다

09 미래진행 시제 [정답 찾는 공식 03]   정답 (b)

단서 starting next week

해설 빈칸 문장에 starting next week이 있다. 따라서 '다음 주부터'라는 의미를 가져 미래 시점에 진행 중일 일(노래하고 있는 중일 것임)을 나타내는 미래진행 시제 (b) will be singing이 정답이다.

해석 Slow Chord는 최근에 「Soar」라는 제목의 네 번째 정규 음반을 발매했다. 그들의 북미 팬층에 이 가장 최신의 음반을 홍보하기 위해 그들은 다음 주부터 미국의 라디오 방송국들에서 주요 노래를 라이브로 노래하고 있는 중일 것이다.

어휘 recently 최근에   release 발매하다
studio album 정규 음반   entitle 제목을 붙이다
single 노래 한 곡, (한 곡이 들어 있는) 음반
promote 홍보하다   fan base 팬층

10 미래완료진행 시제 [정답 찾는 공식 06]   정답 (c)

단서 By 2100 ~ for ~ 1,000 years

해설 빈칸 문장에 'by + 미래 시점'(By 2100)과 'for + 기간'(for ~ 1,000 years)이 있다. 따라서 과거부터 by 부사구가 가리키는 미래 시점까지 1,000년 동안 계속 진행 중일 일(서 있어 오고 있는 중일 것임)을 나타내는 미래완료진행 시제 (c) will have been standing이 정답이다.

오답 분석 (d) 단순미래 시제는 지속을 나타내는 표현인 'for + 기간'(for ~ 1,000 years)과 함께 쓰이지 않으므로 오답이다.

해석 윌리엄 2세의 통치 기간 동안에 건설되어, 웨스트민스터 홀은 영국에서 가장 오래된 건물들 중 하나이다. 그것은 또한 웨스트민스터 궁전에서 재건축된 적이 한 번도 없는 유일한 부분이다. 2100년 무렵이면, 그것은 1,000년이 넘는 동안 서 있어 오고 있는 중일 것이다.

어휘 reign 통치 기간   rebuild 재건축하다

11 과거진행 시제 [정답 찾는 공식 02]   정답 (a)

단서 When I returned

해설 빈칸 문장에 'when + 주어 + 과거 동사'(When I returned)가 있다. 따라서 when 부사절이 가리키는 과거 시점에 진행 중이었던 동작(해체하고 있는 중이었음)을 나타내는 과거진행 시제 (a) were breaking down이 정답이다.

[오답 분석] (c) 빈칸에는 when 부사절이 가리키는 과거 시점보다 더 이전(대과거)에 이미 종료되었거나, 해당 시점과 동시에 이미 진행 중이었던 일을 나타낼 수 있는 시제가 들어가야 하므로, 단순과거 시제는 오답이다.

[해석] 나는 근처 치과 약속에 가느라 잠깐 나의 학교 축제 부스를 비워야 했다. 내가 캠퍼스로 돌아왔을 때, 학우들은 이미 부스를 해체하고 있는 중이었다.

[어휘] vacate 비우다 for a while 잠깐 attend 가다, 참석하다 appointment 약속 break down 해체하다, 허물어뜨리다

12 미래진행 시제 [정답 찾는 공식 03] 정답 (c)

[단서] If she chooses

[해설] 빈칸 문장에 'if + 주어 + 현재 동사'(If she chooses)가 있다. 따라서 if 부사절이 가리키는 미래 시점에 진행 중일 일(받고 있을 것임)을 나타내는 미래진행 시제 (c) will be accepting이 정답이다.

[해석] Katherine은 대학에 있는 동안 그녀가 캠퍼스에 살고 싶은지의 여부를 곧 결정할 필요가 있다. 만약 그녀가 기숙사에 사는 것을 선택한다면, 학교의 기숙사 담당 부서는 이번 주말까지 거주자 지원을 받고 있을 것이다.

[어휘] dormitory 기숙사 resident 거주자, 주민 application 지원(서) accept 받다, 받아들이다

13 미래진행 시제 [정답 찾는 공식 03] 정답 (c)

[단서] when we clock in

[해설] 빈칸 문장에 'when + 주어 + 현재 동사'(when we clock in)가 있다. 따라서 when 부사절이 가리키는 미래 시점에 진행 중일 일(점검하고 있는 중일 것임)을 나타내는 미래진행 시제 (c) will be inspecting이 정답이다.

[해석] 우리의 아침 회의에서, 우리는 유니폼과 안전 장비를 제대로 착용할 것을 여러 차례 상기 받았다. 오늘 오후에 우리가 교대 근무를 위해 출근 도장을 찍을 때 회사의 최고경영자는 공장을 점검하고 있는 중일 것이다.

[어휘] remind 상기시키다 gear 장비, 복장 properly 제대로 clock in 출근 도장을 찍다 shift 교대 근무 (시간) inspect 점검하다

14 미래완료진행 시제 [정답 찾는 공식 06] 정답 (b)

[단서] When the ~ season kicks off ~ for 26 years

[해설] 빈칸 문장에 'when + 주어 + 현재 동사'(When the ~ season kicks off)와 'for + 기간'(for 26 years)이 있다. 따라서 과거(재직하기 시작한 시점)부터 when 부사절이 가리키는 미래 시점까지 26년 동안 계속 진행 중일 일(지도해 오고 있는 중일 것임)을 나타내는 미래완료진행 시제 (b) will have been coaching이 정답이다.

[오답 분석] (a) 단순미래 시제는 지속 기간을 나타내는 표현인 'for + 기간'(for 26 years)과 함께 쓰이지 않으므로 오답이다.

[해석] 그렉 포포비치는 전미 농구 협회 역사상 가장 긴 종신 재직권을 가진 수석 코치이다. 다음 달에 다가오는 시즌이 시작되면, 샌안토니오 스퍼스의 그 지도자는 26년 동안 지도해 오고 있는 중일 것이다.

[어휘] tenured 종신 재직권을 가진, 종신의 kick off 시작하다

15 현재완료진행 시제 [정답 찾는 공식 04] 정답 (b)

[단서] since the 1920s

[해설] 빈칸 문장에 'since + 과거 시점'(since the 1920s)이 있다. 따라서 과거 시점(1920년대)에 시작되어 현재까지 계속 진행되어 오고 있는 일(끌어들여 오고 있는 중임)을 나타내는 현재완료진행 시제 (b) have been attracting이 정답이다.

[오답 분석] (c) 첫 번째 문장에서 십자말풀이 애플리케이션을 최근에 출시했다고 한 것과 빈칸 문장의 every year를 통해, 십자말풀이가 신문으로 참가자들을 매년 끌어들이고 있는 일은 과거에 완료된 행위가 아니라, 현재에도 계속 진행되고 있는 일임을 알 수 있다. 따라서 과거 특정 시점에 계속 진행 중이었으나 현재는 완료된 일을 나타내는 과거완료진행 시제는 오답이다.

[해석] Daily Gazette 지는 최근에 그것의 십자말풀이 전용 애플리케이션을 출시했다. 그 퍼즐은 1920년대에 그것이 처음 게재된 이래로 매년 새로운 참가자들을 그 신문으로 끌어들여 오고 있는 중이다.

[어휘] launch 출시하다 dedicated 전용의 publish (신문에) 게재하다, 싣다 attract 끌어들이다

16 미래진행 시제 [정답 찾는 공식 03] 정답 (d)

[단서] By the time her friends get ~ tomorrow

[해설] 빈칸 문장에 'by the time + 주어 + 현재 동사'(By the time her friends get)와 미래 시간 표현 tomorrow(내일)가 있다. 따라서 by the time 부사절이 가리키는 미래 시점에 한창 진행 중일 일(쉬고 있는 중일 것임)을 나타내는 미래진행 시제 (d) will be resting이 정답이다.

[오답 분석] (c) 단순미래 시제는 미래의 약속이나 예측을 나타내므로, 특정 미래 시점에 진행되고 있을 동작을 나타낼 수 없어 오답이다.

[해석] 중요한 업무 프로젝트를 끝낸 후에, Nicole은 그녀의 직장으로부터 다음 며칠간 휴가를 받았다. 그녀의 친구들이 놀자고 그녀를 초대했지만, 그녀는 거절했다. 내일 그녀의 친구들이 모일 무렵에, 그녀는 혼자서 쉬고 있는 중일 것이다.

[어휘] critical 중요한 hang out 놀다, 시간을 보내다 turn down 거절하다 on one's own 혼자서, 자력으로

17 과거완료진행 시제 [정답 찾는 공식 05]　　　정답 (c)

단서　Until George got ~ for ~ two hours

해설　빈칸 문장에 'until + 주어 + 과거 동사'(Until George got)와 'for + 기간'(for ~ two hours)이 있다. 따라서 대과거(기다리기 시작했던 시점)부터 until 부사절이 가리키는 과거 기준 시점까지 두 시간 동안 계속 진행되어 오고 있었던 일(기다려 오고 있던 중이었음)을 나타내는 과거완료진행 시제 (c) had been waiting이 정답이다.

오답분석　(b) 'Until George got the chance to ride a roller coaster'에서 George가 롤러코스터를 탈 기회를 이미 얻었음을 알 수 있으므로, 두 시간 동안 기다려 왔던 일은 완료된 과거의 상황이다. 따라서 과거부터 현재까지 계속 진행되어 오고 있는 일을 나타내는 현재완료진행 시제는 오답이다.

해석　이 놀이공원의 줄은 매우 길기로 악명 높다. George가 롤러코스터를 탈 기회를 얻을 때까지, 그는 거의 두 시간 동안 기다려 오고 있던 중이었다.

어휘　amusement park 놀이공원　notorious 악명 높은
nearly 거의

18 현재진행 시제 [정답 찾는 공식 01]　　　정답 (c)

단서　now

해설　보기에 now(지금)가 있다. 따라서 now와 함께 쓰여 현재진행 중인 일(이기고 있는 중임)을 나타내는 현재진행 시제 (c) is now winning이 정답이다.

오답분석　(a) 단순현재 시제는 일반적인 사실이나 반복적인 습관을 나타내므로, 말하고 있는 현재 시점을 가리키는 시간 표현인 now와 함께 쓰이면 어색하여 오답이다.

해석　코치 Larson이 그의 예비 선수들을 농구 게임에 투입하는 것은 안전하다. 팀은 지금 큰 차이로 이기고 있는 중이고 남아 있는 시간은 많지 않다. 상대 팀이 다시 선두에 설 가능성은 없다.

어휘　backup 예비, 대체　margin 차이　remain 남아 있다
take the lead 선두에 서다

19 미래완료진행 시제 [정답 찾는 공식 06]　　　정답 (d)

단서　By the time this deal is ~ for a month

해설　빈칸 문장에 'by the time + 주어 + 현재 동사'(By the time this deal is)와 'for + 기간'(for a month)이 있다. 따라서 과거(협상을 시작했던 시점)부터 by the time 부사절이 가리키는 미래 시점까지 한 달 동안 계속 진행되고 있을 일(협상해 오고 있는 중일 것임)을 나타내는 미래완료진행 시제 (d) will have been negotiating이 정답이다. 참고로 첫 번째 문장의 미래 시간 표현 next week을 통해서도, 계약이 마무리되는 일이 미래의 일임을 알 수 있다.

해석　조합은 대표자가 다음 주에 새로운 합의안에 서명하기 위해 회사 경영진과 만날 것이라고 발표했다. 이 합의가 마무리될 무렵에, 노동자들은 한 달 동안 협상해 오고 있는 중일 것이다.

어휘　union 조합, 협회　representative 대표자
executive 경영진, 간부　agreement 합의, 협정
deal 합의, 거래　finalize 마무리 짓다　negotiate 협상하다

20 현재진행 시제 [정답 찾는 공식 01]　　　정답 (a)

단서　at this time

해설　빈칸 문장에 at this time(지금)이 있다. 따라서 at this time과 함께 쓰여 현재 진행 중인 일(면접을 보고 있는 중임)을 나타내는 현재진행 시제 (a) is interviewing이 정답이다. 참고로 첫 번째 문장에 쓰인 현재진행 시제(is looking)를 통해서도 정답을 유추할 수 있다.

오답분석　(b) 단순현재 시제는 일반적인 사실이나 반복적인 습관을 나타내므로, 말하고 있는 현재 시점을 가리키는 시간 표현인 at this time과 함께 쓰이면 어색하여 오답이다.

해석　Innovi 주식회사는 그것의 팀에 합류할 새로운 그래픽 디자이너를 찾고 있는 중이다. 채용 담당자는 지금 후보자들의 면접을 보고 있는 중이고 이번 달 말까지는 결정을 내릴 것을 계획한다.

어휘　incorporated 주식회사　join 합류하다　hiring 채용
candidate 후보자

21 과거완료진행 시제 [정답 찾는 공식 05]　　　정답 (b)

단서　Before his book was published ~ for twenty years

해설　빈칸 문장에 'before + 주어 + 과거 동사'(Before his book was published)와 'for + 기간'(for twenty years)이 있다. 따라서 대과거(연구를 시작했던 시점)에 시작되어 before 부사절이 가리키는 과거 기준 시점(책이 출간된 1859년)까지 계속 진행 중이었던 일(연구해 오던 중이었음)을 나타내는 과거완료진행 시제 (b) had been researching이 정답이다.

오답분석　(a) 과거진행 시제는 지속을 나타내는 표현인 'for + 기간'(for twenty years)과 함께 쓰이지 않으므로 오답이다.

해석　찰스 다윈의 최고의 작품인 『종의 기원』은 진화라는 주제에 대한 그의 광범위한 연구의 결실이었다. 1859년에 그의 책이 출간되기 전에, 그는 그의 이론을 20년 동안 연구해 오고 있던 중이었다.

어휘　premier 최고의, 제1위의　fruit 결실　extensive 광범위한
evolution 진화　publish 출간하다

어휘 leak 누출, 새는 곳   oil pipeline 송유관   spill 유출, 유출물
off the coast 앞바다에서   coastline 해안선

22 과거진행 시제 [정답 찾는 공식 02] 정답 (b)

단서 when the electricity went out

해설 빈칸 문장에 'when + 주어 + 과거 동사'(when the
electricity went out)가 있다. 따라서 when 부사절이 가
리키는 과거 시점에 진행 중이었던 일(시청하고 있던 중이
었음)을 나타내는 과거진행 시제 (b) were watching이 정
답이다.

오답 분석 (a) 단순과거 시제는 과거의 종료된 일이나 사건을 나타내
므로, 특정 과거 시점에 진행 중이었던 일을 나타낼 수 없
어 오답이다.

해석 정전 때문에, Nick과 Robin은 촛불 옆에서 독서를 하며 저녁
을 보냈는데, 그들은 거의 책을 집어 들지 않기 때문에 이것
을 재미있게 생각했다. 사실, 전기가 나갔을 때 그들은 TV를
시청하고 있던 중이었다.

어휘 on account of ~ 때문에   power outage 정전
candlelight 촛불   electricity 전기

23 현재완료진행 시제 [정답 찾는 공식 04] 정답 (a)

단서 since Sam moved

해설 빈칸 문장에 'since + 주어 + 과거 동사'(since Sam
moved)가 있다. 따라서 since 부사절이 가리키는 과거 시
점부터 현재까지 계속 진행되어 오고 있는 일(편지를 받아
오고 있는 중임)을 나타내는 현재완료진행 시제 (a) has
been collecting이 정답이다.

해석 이전에 Sam의 아파트에 살았던 세입자는 그의 거주지를 비
운 후 주소를 바꾸지 않았음이 틀림없다. Sam이 이사 온 이
래로 줄곧, 그는 우편함에서 다른 누군가의 편지를 받아 오
고 있는 중이다.

어휘 tenant 세입자   previously 이전에   vacate 비우다
residence 거주지, 주택   collect 받다, 수집하다

24 현재진행 시제 [정답 찾는 공식 01] 정답 (d)

단서 Right now

해설 빈칸 문장에 Right now(바로 지금)가 있다. 따라서 right
now와 함께 쓰여 현재 진행 중인 동작(청소하고 있는 중
임)을 나타내는 현재진행 시제 (d) are cleaning이 정답이
다.

오답 분석 (a) 단순현재 시제는 일반적인 사실이나 반복적인 습관을
나타내므로, 말하고 있는 현재 시점을 가리키는 시간 표현
인 right now와 함께 쓰이면 어색하여 오답이다.

해석 지난달에, 송유관의 누출은 앞바다에서의 유출을 야기했
다. 대략 126,000갤런의 기름이 바다와 해변으로 흘러 들
어갔다. 바로 지금, 수백 명의 자원봉사자들이 해안선을 청
소하고 있는 중이다.

Chapter 2 가정법

정답 찾는 공식 07

p.46

과거 동사가 있으면 'would/could + 동사원형'이 정답이다.

예제 해석 Ted가 Amy와 계획을 세울 때마다, Amy는 언제나 늦는다. 만약 Amy가 다른 사람들의 시간을 존중한다면, Ted는 화나지 않을 텐데.

어휘 make plan 계획을 세우다 respect 존중하다
annoyed 화난, 성가신

공식 적용 문제

1	d	2	a					

1

단서 If ~ had

해설 if절에 과거 동사(had)가 있으므로 주절에는 과거 동사와 짝을 이루어 가정법 과거를 만드는 'would + 동사원형'이 와야 한다. 따라서 (d) would explore가 정답이다.

해석 3일은 Jasmine이 그녀가 방문하고 싶어 하는 베를린의 모든 곳을 보기에는 충분하지 않을 것이다. 만약 그녀에게 더 긴 휴가가 있다면, 그녀는 오후에 그루네발트 숲을 답사할 텐데.

어휘 explore 답사하다, 탐험하다

2

단서 If ~ were

해설 if절에 과거 동사(were)가 있으므로 주절에는 과거 동사와 짝을 이루어 가정법 과거를 만드는 'would + 동사원형'이 와야 한다. 따라서 (a) would not be가 정답이다.

해석 Sam's Deli는 그것의 맛있는 샌드위치 때문에 항상 바쁘지만, Sam이 유일한 직원이다. 만약 더 많은 직원이 있다면, 줄이 그렇게 길지는 않을 텐데.

어휘 employee 직원

정답 찾는 공식 08

p.47

had p.p.가 있으면 'would/could + have p.p.'가 온다.

예제 해석 나는 시험 직전의 밤까지도 공부를 하지 않았으므로, 시험에 낙제했다. 만약 내가 이번 주에 더 일찍 공부했었다면, 나는 더 나은 성적을 받았을 텐데.

어휘 fail 낙제하다

공식 적용 문제

1	c	2	b					

1

단서 If ~ had recognized

해설 if절에 had p.p.(had recognized)가 있으므로 주절에는 had p.p.와 짝을 이루어 가정법 과거완료를 만드는 'would + have p.p.'가 와야 한다. 따라서 (c) would have introduced가 정답이다.

해석 내가 어떻게 애니메이션 학회에서 Nick Park의 바로 옆을 지나가 버렸을까? 그는 내가 이 분야에서 가장 좋아하는 클레이메이션 예술가이다! 만약 내가 그를 알아봤다면, 나는 나를 소개했을 텐데.

어휘 conference 학회, 회담
claymation 클레이메이션(점토로 만든 애니메이션)
field 분야 recognize 알아보다, 인식하다

2

단서 Had ~ left

해설 if가 생략되어 도치된 절에 had p.p.(Had ~ left)가 있으므로 주절에는 had p.p.와 짝을 이루어 가정법 과거완료를 만드는 'would + have p.p.'가 와야 한다. 따라서 (b) would have avoided가 정답이다.

해석 Brad는 오늘 아침에 고속도로에서 혼잡 시간대의 교통 정체에 갇혔기 때문에, 직장에 늦었다. 그가 그의 일반적인 시간에 출발했었다면, 그는 그 교통량을 피했을 텐데.

어휘 rush hour (출퇴근) 혼잡 시간대
gridlock (도로상의 교통) 정체 highway 고속도로
traffic 교통(량)

01	b	02	d	03	a	04	c	05	d	06	a
07	b	08	c	09	a	10	c	11	a	12	d
13	c	14	b	15	d	16	c	17	b	18	b
19	c	20	c	21	d	22	a	23	b	24	a

01 가정법 과거 [정답 찾는 공식 07]   정답 (b)

단서 If ~ were to have

해설 if절에 과거 동사(were to have)가 있으므로 주절에는 과거 동사와 짝을 이루어 가정법 과거를 만드는 'would + 동사원형'이 와야 한다. 따라서 (b) would take가 정답이다.

해석 Monica에게는 정신없이 바쁜 일정이 있어서, 그녀는 올여름에 그녀의 동네를 방문할 예정인 친구 Charles를 위한 시간을 낼 수 없다. 만약 그녀에게 남는 시간이 있다면, 그녀는 그의 곁에 있어 주기 위해 직장으로부터 며칠 휴가를 낼 텐데.

어휘 hectic 정신없이 바쁜   spare 남는, 여분의
keep ~ company ~의 곁에 있어 주다

02 혼합가정법 [정답 찾는 공식 08]   정답 (d)

단서 Had ~ joined ~ now

해설 if가 생략되어 도치된 절에 had p.p.(Had ~ joined)가 있으므로 보통의 경우라면 주절에는 이와 짝을 이루어 가정법 과거완료를 만드는 'would + have p.p.'가 와야 한다. 그러나 주절에 현재 시간 표현 now가 있으므로, 과거 시점에 있었던 일이 현재까지 영향을 미치는 상황에서 현재 상황을 반대로 가정하고 있음을 알 수 있다. 따라서 주절에는 가정법 과거를 만드는 'would + 동사원형'이 와야 하므로 (d) would have가 정답이다. 참고로 지텔프에는 간혹 혼합가정법이 출제되기도 하는데, 이 경우 보통 주절에 now와 같은 현재 시간 표현이 포함되어 있다.

해석 나의 대학은 내가 학부생이었을 때 교내에서 많은 학생 단체를 관리했다. 나는 어리석게도 그것들 중 어느 것에도 참여하지 않았다. 내가 동아리에 가입했었다면, 나는 지금 공통의 관심사를 공유하는 더 많은 친구가 있을 텐데.

어휘 host 관리하다, 주최하다   organization 단체, 기관
undergraduate 학부생, 대학생   foolishly 어리석게도
involve 참여하다, 관여하다

03 가정법 과거완료 [정답 찾는 공식 08]   정답 (a)

단서 Had ~ ensured

해설 if가 생략되어 도치된 절에 had p.p.(Had ~ ensured)가 있으므로 주절에는 had p.p.와 짝을 이루어 가정법 과거

완료를 만드는 'would + have p.p.'가 와야 한다. 따라서 (a) would have survived가 정답이다.

해석 타이타닉호는 1912년 4월 15일에 빙산과 충돌했을 때 가라앉았다. 2,224명의 승선객들 중에서, 1,517명이 사망했다. 선원이 충분한 수의 구조선이 있다는 것을 확실히 했다면, 더 많은 사람들이 생존했을 가능성이 있었다.

어휘 sink 가라앉다   strike 충돌하다   iceberg 빙산
on board 승선한   lifeboat (인명) 구조선

04 가정법 과거 [정답 찾는 공식 07]   정답 (c)

단서 If ~ would choose

해설 주절에 'would + 동사원형'(would choose)이 있으므로 if절에는 'would + 동사원형'과 짝을 이루어 가정법 과거를 만드는 과거 동사가 와야 한다. 따라서 (c) could repaint가 정답이다. 참고로 지텔프에서는 if절에 can의 과거 동사인 could가 자주 가정법 과거의 단서로 등장하므로, 'could + 동사원형'의 형태도 과거 동사라는 것을 파악할 수 있어야 한다.

해석 Margaret은 대체로 그녀의 아파트를 좋아하지만, 그녀의 한 가지 불만은 그녀의 방이 너무 어둡다는 것이다. 안타깝게도, 그녀의 집주인은 집의 변경에 대해 엄격한 규칙을 가지고 있다. 만약 Margaret이 벽을 다시 칠할 수 있다면, 그녀는 훨씬 더 밝은색을 고를 텐데.

어휘 be fond of ~을 좋아하다   complaint 불만
landlord 집주인, 건물주   strict 엄격한   alteration 변경

05 가정법 과거완료 [정답 찾는 공식 08]   정답 (d)

단서 If ~ had avoided

해설 if절에 had p.p.(had avoided)가 있으므로 주절에는 had p.p.와 짝을 이루어 가정법 과거완료를 만드는 'would + have p.p.'가 와야 한다. 따라서 (d) would not have lost가 정답이다.

해석 1814년에, 나폴레옹 보나파르트는 패배하여 멀리 떨어진 섬으로 추방되었다. 그때까지만 해도, 그는 유럽의 대부분을 정복했었다. 만약 그가 러시아와의 갈등을 피했었다면, 그는 그 대륙에 대한 지배를 그렇게 빨리 잃지는 않았을 텐데.

어휘 defeat 패배시키다   exile 추방시키다   faraway 멀리 떨어진
conquer 정복하다   conflict 갈등   control 지배
continent 대륙

06 가정법 과거 [정답 찾는 공식 07]   정답 (a)

단서 If ~ were

해설 if절에 과거 동사(were)가 있으므로 주절에는 과거 동사와 짝을 이루어 가정법 과거를 만드는 'would + 동사원형'이

와야 한다. 따라서 (a) would walk가 정답이다.

해석 저는 당신이 Green Park가 당신의 집 바로 근처에 있다는 사실에도 불구하고 그곳에 한 번도 방문해 본 적이 없다는 것을 믿을 수 없습니다! 만약 제가 당신이라면, 저는 매주 화원을 산책할 것입니다.

어휘 walk 산책하다

---

07 가정법 과거완료 [정답 찾는 공식 08] 정답 (b)

단서 if ~ had predicted

해설 if절에 had p.p.(had predicted)가 있으므로 주절에는 had p.p.와 짝을 이루어 가정법 과거완료를 만드는 'would + have p.p.'가 와야 한다. 따라서 (b) would have accepted가 정답이다.

해석 그 배우는 제안을 받았지만 결국 그 주인공 역할을 거절하기로 결정했다. 요즘, 그는 그가 좋지 않은 결정을 했음을 안다. 만약 그가 이 영화가 얼마나 성공적일지를 예견했다면 그는 그 역할을 수락했을 텐데.

어휘 offer 제안 ultimately 결국 turn down 거절하다 predict 예견하다 accept 수락하다, 받아들이다

---

08 혼합가정법 [정답 찾는 공식 08] 정답 (c)

단서 Had ~ seen ~ right now

해설 if가 생략되어 도치된 절에 had p.p.(Had ~ seen)가 있으므로 보통의 경우라면 주절에는 이와 짝을 이루어 가정법 과거완료를 만드는 'would + have p.p.'가 와야 한다. 그러나 주절에 현재 시간 표현 right now가 있으므로, 과거 시점에 있었던 일이 현재까지 영향을 미치는 상황에서 현재 상황을 반대로 가정하고 있음을 알 수 있다. 따라서 주절에는 가정법 과거를 만드는 'would + 동사원형'이 와야 하므로 (c) would be wearing이 정답이다. 참고로 지텔프에는 간혹 혼합가정법이 출제되기도 하는데, 이 경우 보통 주절에 right now와 같은 현재 시간 표현이 포함되어 있다.

해석 나는 내 셔츠에 얼룩이 있다는 것을 깨달았을 때 당황했다. 동료들 중 누구도 어떤 말도 하지 않았지만, 그들은 알아챘을 것임이 틀림없다. 집을 나서기 전에 내가 그것을 봤었다면, 나는 바로 지금 다른 것을 입고 있을 텐데.

어휘 embarrassed 당황한, 창피한 stain 얼룩 coworker 동료 notice 알아채다

---

09 가정법 과거완료 [정답 찾는 공식 08] 정답 (a)

단서 If ~ would have been forced

해설 주절에 'would + have p.p.'(would have been forced)가 있으므로 if절에는 'would + have p.p.'와 짝을 이루어 가정법 과거완료를 만드는 had p.p.가 와야 한다. 따라서 (a) had arrived가 정답이다.

해석 늦게까지 집에 안 들어간 끝에, Emily는 지하철을 타고 집에 가는 것을 선택했다. 그녀는 그날 밤의 마지막 기차를 잡았다. 만약 그녀가 단 1분 만이라도 더 늦게 역에 도착했었다면, 그녀는 대신 택시를 탈 수밖에 없었을 것이다.

어휘 stay out (밤에) 집에 안 들어가다 opt 선택하다

---

10 가정법 과거 [정답 찾는 공식 07] 정답 (c)

단서 If ~ could participate

해설 if절에 과거 동사(could participate)가 있으므로 주절에는 과거 동사와 짝을 이루어 가정법 과거를 만드는 'would + 동사원형'이 와야 한다. 따라서 (c) would be가 정답이다.

해석 슬프게도, Florida A&M 대학 축구팀의 스물여섯 명의 선수들은 추가적인 경제 및 학문적 검토 이후에 부적격 결정이 내려졌다. 만약 이 운동선수들이 다가오는 시즌에 참가할 수 있다면, 그 팀은 부에서 이길 수 있을 텐데.

어휘 rule 결정을 내리다, 판결을 내리다 ineligible 부적격의 athlete 운동선수 be capable of ~할 수 있다 division (축구에서 리그를 구성하는) 부

---

11 가정법 과거완료 [정답 찾는 공식 08] 정답 (a)

단서 Had ~ been distributed

해설 if가 생략되어 도치된 절에 had p.p.(Had ~ been distributed)가 있으므로 주절에는 had p.p.와 짝을 이루어 가정법 과거완료를 만드는 'would + have p.p.'가 와야 한다. 따라서 (a) would have been mitigated가 정답이다.

해석 1871년의 시카고 화재에 대한 소방서의 부족한 대응은 거의 만 팔천 개의 도시 건물의 붕괴를 가져왔다. 소방 장비가 더 빠르고 효율적으로 분배되었더라면, 그 파괴는 완화되었을 텐데.

어휘 response 대응 ruin 붕괴, 몰락 equipment 장비 distribute 분배하다 efficiently 효율적으로 destruction 파괴, 파멸 mitigate 완화시키다

---

12 가정법 과거완료 [정답 찾는 공식 08] 정답 (d)

단서 If ~ had ~ remembered

해설 if절에 had p.p.(had ~ remembered)가 있으므로 주절에는 had p.p.와 짝을 이루어 가정법 과거완료를 만드는 'would + have p.p.'가 와야 한다. 따라서 (d) would not have gotten이 정답이다.

해석 Leslie는 그녀 남편의 소홀함 때문에 다시 한번 실망했다. 만약 그가 그들이 결혼기념일 데이트를 위해 계획했던 것을 기억하기만 했더라면, 그녀는 그에게 화가 나지 않았을 텐데.

어휘 let down 실망시키다 forgetfulness 소홀함, 건망증

---

13 가정법 과거 [정답 찾는 공식 07]   정답 (c)

단서   If ~ were allowed

해설   if절에 과거 동사(were allowed)가 있으므로 주절에는 과거 동사와 짝을 이루어 가정법 과거를 만드는 'would + 동사원형'이 와야 한다. 따라서 (c) would express가 정답이다.

해석   Brian 학교의 모든 학생들은 교복을 입는다. 하지만, 이것은 매우 인기 좋은 정책은 아니다. 만약 그들에게 허용된다면, 대부분의 학생들은 개성 있는 옷 선택을 통해 그들 자신을 <u>표현할 텐데</u>.

어휘   uniform 교복, 제복   policy 정책   allow 허용하다   express 표현하다

14 가정법 과거 [정답 찾는 공식 07]   정답 (b)

단서   If ~ would be

해설   주절에 'would + 동사원형'(would be)이 있으므로 if절에는 'would + 동사원형'과 짝을 이루어 가정법 과거를 만드는 과거 동사가 와야 한다. 따라서 (b) had가 정답이다.

해석   Selena는 Kyle과 그들의 관계를 끝내게 한 논쟁을 했다. 그녀는 그녀가 말했던 비열한 것들을 후회한다. 만약 그녀에게 그와의 두 번째 기회가 <u>있다면</u>, 그녀는 더욱 친절할 텐데.

어휘   argument 논쟁   relationship 관계   feel bad 후회하다, 유감이다   mean 비열한

15 가정법 과거완료 [정답 찾는 공식 08]   정답 (d)

단서   Had ~ taken

해설   if가 생략되어 도치된 절에 had p.p.(Had ~ taken)가 있으므로 주절에는 had p.p.와 짝을 이루어 가정법 과거완료를 만드는 'would + have p.p.'가 와야 한다. 따라서 (d) would have graduated가 정답이다.

해석   Corey는 대학에서의 1년을 보낸 후 그의 전공을 바꾸는 것을 선택했으므로, 그의 학사학위를 끝내는 데 4년 대신 5년이 걸렸다. 여름 동안에 그가 수업들을 <u>들었었다면</u>, 그는 제시간에 졸업했을 텐데.

어휘   elect 선택하다   switch 바꾸다   undergraduate degree 학사학위   graduate 졸업하다

16 가정법 과거 [정답 찾는 공식 07]   정답 (c)

단서   If ~ had

해설   if절에 과거 동사(had)가 있으므로 주절에는 과거 동사와 짝을 이루어 가정법 과거를 만드는 'would + 동사원형'이 와야 한다. 따라서 (c) would plant가 정답이다.

해석   Patty는 그녀가 더 신선한 유기농의 작물을 먹을 수 있기를 바란다. 그녀의 친구들 중 한 명이 그녀 스스로 먹을 것을 길

러 볼 것을 추천했지만, Patty의 집은 너무 작다. 만약 그녀에게 더 큰 뒷마당이 있다면, 그녀는 채소 정원을 <u>가꿀 텐데</u>.

어휘   organic 유기농의   produce 작물   grow 기르다, 키우다   backyard 뒷마당   plant 가꾸다, 심다

17 가정법 과거완료 [정답 찾는 공식 08]   정답 (b)

단서   If ~ would have earned

해설   주절에 'would + have p.p.'(would have earned)가 있으므로 if절에는 'would + have p.p.'와 짝을 이루어 가정법 과거완료를 만드는 had p.p.가 와야 한다. 따라서 (b) had chosen이 정답이다.

해석   비록 Christina가 과제에서 그녀의 부분을 마감 기한까지 끝냈을지라도, 그녀 동료의 늦은 제출은 그들 과제의 총점을 낮아지게 했다. 만약 그녀가 더욱 책임감 있는 동료를 <u>골랐었다면</u>, 그녀는 더 높은 점수를 획득했을 텐데.

어휘   submission 제출   lower 낮아지게 하다   responsible 책임감 있는   earn 획득하다, 얻다

18 혼합가정법 [정답 찾는 공식 08]   정답 (b)

단서   If ~ had acted ~ now

해설   if절에 had p.p.(had acted)가 있으므로 보통의 경우라면 주절에는 이와 짝을 이루어 가정법 과거완료를 만드는 'would + have p.p.'가 와야 한다. 그러나 주절에 현재 시간 표현 now가 있으므로, 과거 시점에 있었던 일이 현재까지 영향을 미치는 상황에서 현재 상황을 반대로 가정하고 있음을 알 수 있다. 따라서 주절에는 가정법 과거를 만드는 'would + 동사원형'이 와야 하므로 (b) would be living이 정답이다. 참고로 지텔프에는 간혹 혼합가정법이 출제되기도 하는데, 이 경우 보통 주절에 now와 같은 현재 시간 표현이 포함되어 있다.

해석   나는 내 부동산 중개인이 방문시켜 준 집이 정말 좋았다. 하지만, 나는 값을 부르는 것을 망설였고, 다른 누군가가 그것을 구매했다. 만약 내가 더 빨리 <u>행동했었다면</u>, 내가 지금 거기 살고 있는 것도 가능할 텐데.

어휘   realtor 부동산 중개인   hesitate 망설이다, 주저하다   make an offer 값을 부르다, 제의하다

19 가정법 과거완료 [정답 찾는 공식 08]   정답 (c)

단서   if ~ had been

해설   if절에 had p.p.(had been)가 있으므로 주절에는 had p.p.와 짝을 이루어 가정법 과거완료를 만드는 'would + have p.p.'가 와야 한다. 따라서 (c) would have hired가 정답이다.

해석   Clifton Seaside 리조트의 직원은 모든 고객의 요구에 대처하는 데 고투하고 있다. 새로운 관리자인 Mr. Feldon은 만약

더 많은 유능한 지원자들을 구할 수 있었다면 휴가철을 위한 추가 직원을 <u>고용했을 텐데</u>.

[어휘] struggle 고투하다   cope with ~에 대처하다   demand 요구
competent 유능한   candidate 지원자
available 구할 수 있는, 이용할 수 있는   hire 고용하다

20 가정법 과거 [정답 찾는 공식 07]　　　정답 (c)

[단서] If ~ were to possess

[해설] if절에 과거 동사(were to possess)가 있으므로 주절에는 과거 동사와 짝을 이루어 가정법 과거를 만드는 'could + 동사원형'이 와야 한다. 따라서 (c) could send가 정답이다.

[해석] James는 데이터 과학자 직위에 지원하고 싶지만, 그는 아직 자격이 되지 않는다. 만약 그가 통계학에서의 자격증을 <u>보유한다면</u>, 그는 재고 없이 그의 이력서를 바로 <u>보낼 수 있을 텐데</u>.

[어휘] apply for ~에 지원하다   qualified 자격이 있는
certificate 자격증, 면허증   statistics 통계학

21 가정법 과거 [정답 찾는 공식 07]　　　정답 (d)

[단서] If ~ were revived

[해설] if절에 과거 동사(were revived)가 있으므로 주절에는 과거 동사와 짝을 이루어 가정법 과거를 만드는 'would + 동사원형'이 와야 한다. 따라서 (d) would receive가 정답이다.

[해석] 자녀 양육 세금 공제 제도 계획은 회계연도 말에 지급을 중단시켰다. 만약 그 프로그램이 <u>부활한다면</u>, 미국의 세금을 내는 가족들은 다시 자녀당 2,400달러까지 <u>받을 텐데</u>.

[어휘] child tax credit 자녀 양육 세금 공제 제도
initiative 계획, 발안   cease 중단시키다   payment 지급, 납입
calendar year 회계연도   revive 부활시키다

22 가정법 과거완료 [정답 찾는 공식 08]　　　정답 (a)

[단서] Had ~ listened

[해설] if가 생략되어 도치된 절에 had p.p.(Had ~ listened)가 있으므로 주절에는 had p.p.와 짝을 이루어 가정법 과거완료를 만드는 'would + have p.p.'가 와야 한다. 따라서 (a) would not have lost가 정답이다.

[해석] 1986년 1월의 챌린저호의 폭발 이전까지, 기술자 밥 이블링은 발사에 책임이 있는 사람들에게 좋지 않은 날씨가 재앙을 불러올 수 있다고 경고했다. 그들이 그의 말을 들었다면, 일곱 명의 우주비행사들이 목숨을 <u>잃지 않았을 텐데</u>.

[어휘] explosion 폭발   in charge of ~에 책임이 있는   launch 발사
disaster 재앙   astronaut 우주비행사

23 가정법 과거 [정답 찾는 공식 07]　　　정답 (b)

[단서] If ~ were

[해설] if절에 과거 동사(were)가 있으므로 주절에는 과거 동사와 짝을 이루어 가정법 과거를 만드는 'would + 동사원형'이 와야 한다. 따라서 (b) would start가 정답이다.

[해석] Angela는 그곳이 그녀의 고국에서 멀리 있고 거기까지 가는 비행기 푯값이 매우 비쌀지라도 항상 유럽에 방문하는 것을 꿈꿔 왔다. 만약 그곳으로 여행을 가는 게 더 쉽다면, 그녀는 즉시 여행을 계획하는 것을 <u>시작할 텐데</u>.

[어휘] immediately 즉시

24 가정법 과거완료 [정답 찾는 공식 08]　　　정답 (a)

[단서] If ~ had used

[해설] if절에 had p.p.(had used)가 있으므로 주절에는 had p.p.와 짝을 이루어 가정법 과거완료를 만드는 'would + have p.p.'가 와야 한다. 따라서 (a) would not have declined가 정답이다.

[해석] 그 치과의사는 Shaun에게 그의 충치를 치료하기 위해 외과적 조치를 받을 필요가 있다고 안내했다. 만약 그녀가 그에게 여러 번 말했듯이 그가 규칙적으로 치실을 사용했었다면, 그의 치아 건강은 그렇게 빨리 <u>쇠약해지지 않았을 텐데</u>.

[어휘] inform 안내하다, 알리다   extensive procedure 외과적 조치
treat 치료하다   decayed teeth 충치   dental floss 치실
regularly 규칙적으로, 정기적으로   rapidly 빨리
decline 쇠약해지다, 쇠퇴하다

정답 찾는 공식 09   p.54

'~하기 위해'라고 해석되면 to 부정사가 정답이다.

예제 해석 미니멀리스트는 꼭 필요하지는 않은 것을 그들의 집에서 치우고 그들의 소지품의 수를 최저 수준으로 유지한다. 이 사람들은 더 큰 평화감을 <u>경험하기 위해</u> 이 생활 방식을 따른다.

어휘 minimalist 미니멀리스트, 최소주의자
remove 치우다, 제거하다
nonessential 꼭 필요하지는 않은 것, 비본질적인 것
possession 소지품   low 최저의, 적은   sense 감, 느낌

공식 적용 문제

1	b	2	a						

1

해설 보기의 동사 hydrate이 '수분을 공급하기 위해'라고 해석된다. 따라서 목적(~하기 위해)의 의미를 나타낼 수 있는 to 부정사 (b) to hydrate이 정답이다.

오답 분석 (a) to 부정사의 완료형 to have p.p.는 문장의 동사보다 이전에 일어난 일을 나타낼 때 사용하는데, 문제에서 to 부정사가 나타내는 일이 문장의 동사(advised)보다 이전에 일어난 일이 아니므로 완료형은 오답이다. 참고로 지텔프에 완료형이 정답인 to 부정사 문제는 거의 나오지 않는다.

해석 소금은 인간의 신체 내에서 많은 결정적인 역할을 한다. 따라서, 전문가들은 잦은 경련에 시달리는 운동선수들이 그들의 근육에 <u>수분을 공급하기 위해</u> 더 많은 무기물을 섭취해야 한다고 조언했다.

어휘 salt 소금   suffer from ~에 시달리다   frequent 잦은
cramping 경련, 쥐   consume 섭취하다   mineral 무기물
muscle 근육   hydrate 수분을 공급하다

2

해설 보기의 동사 expedite이 '더 신속히 처리하기 위해'라고 해석된다. 따라서 목적(~하기 위해)의 의미를 나타낼 수 있는 to 부정사 (a) to expedite이 정답이다.

오답 분석 (b) to 부정사가 나타내는 일이 문장의 동사(are sent)보다 이전에 일어난 일이 아니므로 완료형은 오답이다.

해석 공유되는 달력은 회사의 시간을 절약해 준다. 동료들에게 그들이 언제 시간이 있는지를 물어보는 대신에, 회의 준비 과정을 <u>더 신속히 처리하기 위해</u> 개인 일정으로 연결되는 링크가 전송된다.

어휘 colleague 동료   organization 준비
expedite 더 신속히 처리하다

정답 찾는 공식 10   p.55

명사 뒤에서 '~할'이라고 해석되면 to 부정사를 고른다.

예제 해석 Jackson은 실수로 공학 공모전에 미완성의 디자인 초안을 보냈다. 다행스럽게도, 심사위원들은 그에게 완성본을 <u>제출할</u> 기회를 주었다.

어휘 forward 보내다   incomplete 미완성의   draft 초안
by mistake 실수로   judge 심사위원   submit 제출하다

공식 적용 문제

1	b	2	d						

1

단서 way

해설 보기의 동사 save가 명사 way 뒤에서 '절약할'이라고 해석되어 '절약할 방법'이라는 의미를 만들고 있다. 따라서 형용사처럼 명사를 뒤에서 수식할 수 있는 to 부정사 (b) to save가 정답이다.

오답 분석 (d) to 부정사가 나타내는 일이 문장의 동사(is)보다 이전에 일어난 일이 아니고, 일반적인 일(돈을 절약하는 흔한 방법)을 나타내므로 완료형은 오답이다.

해석 세 명 이상의 아이들로 구성된 대가족들은 종종 경비를 줄이지 않으면 안 된다. 대규모 창고형 매장에서의 식료품 쇼핑은 식비로 나가는 돈을 <u>절약할</u> 흔한 방법이다.

어휘 consist of ~으로 구성되다   grocery 식료품   bulk 대규모
warehouse 창고   bill 청구 비용

2

단서 plan

해설 보기의 동사 expand가 명사 plan 뒤에서 '확장할'이라고 해석되어 '확장할 계획'이라는 의미를 만들고 있다. 따라서 형용사처럼 명사를 뒤에서 수식할 수 있는 to 부정사 (d) to expand가 정답이다.

오답 분석 (a) to 부정사가 나타내는 '확장하는'(expand) 일은 문장의 동사(reviewed)보다 나중에 일어날 일이다. 빈칸 앞 명사 '계획'(plan)은 미래에 일어날 일을 미리 도모하는 것을 뜻하므로, 문장의 동사보다 이전에 일어난 일을 나타내는 완료형은 오답이다.

해석 항공 위원회의 구성원들은 방금 그들의 분기 회의를 끝냈다. 그들은 공항 터미널을 대략 2만 4천 평방 피트만큼 <u>확장할</u> 계획을 검토했다.

어휘 aviation 항공   committee 위원회   conclude 끝내다
quarterly 분기별의   expand 확장하다

정답 찾는 공식 11

p.56

decide는 목적어로 to 부정사를 취한다.

예제 해석	Darryl은 뮌헨에 있는 소프트웨어 회사로부터 일자리 제의를 받았다. 그가 그것을 <u>수락하기로</u> 결심하는 경우에, 그는 캘리포니아로부터 독일로 이주해야 할 것이다.

어휘	relocate 이주하다, 이동하다 accept 수락하다

공식 적용 문제

1	c	2	a				

1

단서	hopes

해설	동사 hope(hopes)가 있다. hope는 to 부정사를 목적어로 취하므로 to 부정사 (c) to continue가 정답이다.

오답 분석	(d) to 부정사가 나타내는 일이 문장의 동사(hopes)보다 이전에 일어난 일이 아니고, 앞으로 경력을 이어가기를 희망한다는 문맥이므로 완료형은 오답이다.

해석	카미 리타는 에베레스트산에 26번 올랐고, 이것은 가장 많은 수치이다. 이 네팔인은 그의 신체가 그것을 감당할 수 있는 한 그의 등반 경력을 <u>이어가기를</u> 희망한다.

어휘	ascend 오르다 climbing 등반, 등산 handle 감당하다, 다루다

2

단서	expects

해설	동사 expect(expects)가 있다. expect는 to 부정사를 목적어로 취하므로 to 부정사 (a) to obtain이 정답이다.

오답 분석	(c) to 부정사의 진행형은 문장의 동사가 나타내는 시점에 진행 중인 일을 표현한다. 그런데 '(학위를) 따는'(obtain) 일은 특정 미래 시점(올해 말)에 전공 수업을 다 들으면 종료될 일이고, '학위를 따고 있는 동작'이 진행되고 있는 것은 문맥상 어색하므로 오답이다. 참고로 지텔프에 진행형이 정답인 to 부정사 문제는 거의 나오지 않는다.

해석	Spencer는 경제학과 정치학을 복수전공하기로 계획했다. 교과 학습이 치열하긴 하지만, 그는 올해 말까지 두 학위를 모두 <u>따는 것을</u> 기대한다.

어휘	major 전공 coursework 교과 학습, 학습 과제 intense 치열한, 극심한 obtain 따다, 얻다

정답 찾는 공식 12

p.57

'allow + 목적어' 뒤에는 to 부정사가 온다.

예제 해석	제트 엔진은 1939년에 발명되었다. 이 새로운 기술은 상업용 항공기가 이전의 프로펠러로 움직이는 비행기들보다 더 빠른 속도와 더 높은 고도에 <u>이르도록</u> 허용했다.

어휘	invent 발명하다 commercial 상업의 aircraft 항공기 altitude 고도 previous 이전의 plane 비행기

공식 적용 문제

1	c	2	b				

1

단서	asked ~ members

해설	'ask + 목적어'(asked ~ members)가 있다. ask는 'ask + 목적어 + 목적격 보어'의 형태로 쓰일 때 to 부정사를 목적격 보어로 취하여, '~에게 -해달라고 요청하다'라는 의미를 나타낸다. 따라서 to 부정사 (c) to cheer가 정답이다.

오답 분석	(d) to 부정사가 나타내는 '환호성을 지르는'(cheer) 일이 문장의 동사(asked)보다 이전에 일어난 일이 아니므로 완료형은 오답이다. 참고로 to 부정사가 5형식 동사의 목적격 보어로 쓰일 때는, 대부분 문장의 동사보다 미래에 일어날 일을 나타낸다.

해석	지역 라디오 방송국 KBQR은 공원에서 버스킹 대회를 열었다. 우승자를 선정하기 위해, 행사의 진행자는 청중들에게 그들이 가장 좋아하는 공연자에게 <u>환호성을 질러달라고</u> 요청했다.

어휘	competition 대회, 경쟁 host (방송의) 진행자, 주최 audience 청중 act (음악) 공연자, 그룹 cheer 환호성을 지르다

2

단서	requires him

해설	'require + 목적어'(requires him)가 있다. require는 'require + 목적어 + 목적격 보어'의 형태로 쓰일 때 to 부정사를 목적격 보어로 취하여, '~에게 -할 것을 요구하다'라는 의미를 나타낸다. 따라서 to 부정사 (b) to complete이 정답이다.

오답 분석	(c) to 부정사가 나타내는 '모두 갖추는'(complete) 일이 문장의 동사(requires)보다 이전에 일어난 일이 아니고, 앞으로 갖출 것을 요구한다는 문맥이므로 완료형은 오답이다.

해석	Ivan은 그의 운전면허증을 수령했다. 그가 그의 면허를 시험해 볼 수 있기 전에, 주 정부는 그에게 강사와의 최소한의 운전 시간을 <u>모두 갖출 것을</u> 요구한다.

어휘	receive 수령하다, 받다 permit 허가(증) license 면허(증) minimum 최소한의 instructor 강사 complete 모두 갖추다, 완료하다

정답 찾는 공식 13
p.58

it is 뒤에서 '~하는 것이'라고 해석되면 to 부정사를 쓴다.

예제해석 Sarah는 그녀의 새로운 일을 위한 비즈니스 스페인어 과정을 거의 끝마쳤다. 기말시험은 다음 주 월요일에 있을 것이라서, 그녀가 주말 내내 공부하는 것이 지혜롭다.

어휘 take place 일어나다, 발생하다

공식 적용 문제

1	a	2	b				

1

단서 it is

해설 'it is ~' 뒤에서 보기의 동사 speak이 '말하는 것'이라고 해석된다. 따라서 주어로 쓰일 때 가주어 it을 주어 자리에 놓고 문장의 뒤로 가서 진주어 역할을 할 수 있는 to 부정사 (a) to speak이 정답이다.

오답분석 (c) to 부정사가 나타내는 일이 문장의 동사(is)보다 이전에 일어난 일이 아니고, '캐나다에서 통용되는 예의'라는 일반적인 사실을 나타내고 있으므로 완료형은 오답이다.

해석 당신이 다른 나라를 방문할 때, 당신은 어떤 문화적 실수라도 피하기 위해 그 나라의 문화를 먼저 공부하기를 원할지도 모른다. 예를 들어, 캐나다에서는 먹는 도중에 말하는 것이 무례하다.

어휘 misstep 실수, 잘못된 조치 impolite 무례한

2

단서 find it

해설 it이 포함된 find의 5형식 문장 뒤에서 보기의 동사 use가 '사용하는 것'이라고 해석된다. 따라서 5형식 동사의 목적어로 쓰일 때 가목적어 it을 목적어 자리에 놓고 문장의 뒤로 가서 진목적어 역할을 할 수 있는 to 부정사 (b) to use가 정답이다.

오답분석 (a) to 부정사가 나타내는 일이 문장의 동사(find)보다 이전에 일어난 일이 아니고, 몇몇 노인들의 일반적인 생각을 나타내고 있으므로 완료형은 오답이다.

해석 우리는 모든 세대와 조화를 이루며 살기 위해 '디지털 격차'를 극복하려고 노력해야 한다. 몇몇 노인들은 자동화된 키오스크를 사용하는 것은 어렵다고 생각하고 그것이 그들로 하여금 무시당하는 기분을 들게 한다.

어휘 overcome 극복하다 divide 차이점, 분열 generation 세대 senior 노인 automated 자동화된 leave out 무시하다

정답 찾는 공식 14
p.59

consider는 목적어로 동명사를 취한다.

예제해석 Elizabeth는 극심한 두통 때문에 약을 조금 먹었다. 이제, 그녀는 괜찮지만 그것이 다시 발생하면 의사를 방문하는 것을 고려할지도 모른다.

어휘 medicine 약 severe 극심한 headache 두통

공식 적용 문제

1	d	2	a				

1

단서 imagines

해설 동사 imagine(imagines)이 있다. imagine은 동명사를 목적어로 취하므로 동명사 (d) arguing이 정답이다.

오답분석 (a) 동명사의 완료형 having p.p.는 문장의 동사보다 이전에 일어난 일을 나타낼 때 사용한다. 그런데 문제에서 동명사가 나타내는 '(사건의 진상을) 논하는'(argue) 일은 Joann이 대학 졸업 후 미래에 하고 싶어 하는 일로서, 문장의 동사(imagines)보다 이전에 일어난 일이 아니므로 완료형은 오답이다. 참고로 지텔프에 완료형이 정답인 동명사 문제는 거의 나오지 않는다.

해석 Joann은 대학 학위를 딴 후에 변호사가 되기를 원한다. 그녀는 법정의 판사와 배심원단 앞에서 사건의 진상을 논하는 것을 상상한다.

어휘 defense lawyer (피고측) 변호사 case 사건 court 법정 judge 판사 jury 배심원단

2

단서 risks

해설 동사 risk(risks)가 있다. risk는 동명사를 목적어로 취하므로 동명사 (a) hurting이 정답이다.

오답분석 (b) 동명사가 나타내는 '(기분을) 해치는'(hurt) 일은 Tonya가 미래에 Zach에게 솔직한 의견을 표현하면 일어날 수도 있는 일로서, 문장의 동사(risks)보다 이전에 일어난 일이 아니므로 완료형은 오답이다. 참고로 risk는 '~할 위험을 무릅쓰다'라는 의미로, 대부분 미래에 일어날 일을 서술하게 되므로 동명사의 완료형과는 거의 같이 쓰이지 않는다.

해석 Tonya는 Zach로부터 그의 최신 그림에 대한 의견을 조금 줄 것을 요청받았다. 그것이 그의 기분을 해칠 위험이 있을지라도 그녀는 그녀의 솔직한 의견을 표현하려고 한다.

어휘 express 표현하다

remember 뒤에서 '~한 것'이라고 해석되면 동명사, '~할 것'이라고 해석되면 to 부정사를 쓴다.

예제 해석
대체로, Marvin은 개인 위생과 관련된 좋은 습관들을 가지고 있다. 예를 들어, 심지어 그가 바쁠 때조차 그는 식사 후에 이를 닦을 것을 언제나 기억한다.

어휘 hygiene 위생   teeth 이, 치아(tooth의 복수)
brush (이를) 닦다

공식 적용 문제

1	b	2	b				

1

단서 forget

해설 보기의 동사 visit가 forget 뒤에서 '(과거에) 방문한 것'이라고 해석된다. 따라서 동사 forget 뒤에서 '(과거에) ~한 것을 잊다'라는 의미를 만드는 동명사 (b) visiting이 정답이다.

오답 분석 (c) 지문에서 Audrey가 파리에서 여행의 기쁨을 처음 경험했다고 한 것을 통해 파리에 다녀온 것은 과거의 일임을 알 수 있다. 따라서 동사 forget과 함께 쓰일 때 '(미래에) 방문할 것을 잊지 (못하다)'라는 어색한 의미가 되는 to 부정사 to visit은 오답이다.

해석 Audrey는 전 세계의 수많은 놀라운 도시들을 여행해 왔다. 하지만 그녀는 여행의 기쁨을 처음 경험했던 파리에 방문한 것을 잊지 못할 것이다.

어휘 numerous 수많은

2

단서 regret

해설 보기의 동사 select가 regret 뒤에서 '(장소를) 선택한 것'이라고 해석된다. 따라서 동사 regret 뒤에서 '~한 것을 후회하다'라는 의미를 만드는 동명사 (b) selecting이 정답이다.

오답 분석 (a) 축제는 이미 연기된 상태이고, 일기예보를 철저하게 확인하지 않고 축제 장소를 선택한 것은 비 때문에 축제가 연기되기 이전의 일이다. 그러므로 동사 regret과 함께 쓰일 때 '선택하게 되어 유감이다'라는 어색한 의미가 되는 to 부정사 to select는 오답이다. 참고로 'regret + to 부정사'는 'It is regret to say that ~'(~이라는 것을 말씀드리게 되어 유감입니다)과 같이 발화를 하는 상황에서 주로 사용된다.

해석 공예 축제는 심한 비 때문에 연기되었다. 기획자들은 먼저 일기예보를 철저하게 확인하지 않고 야외 장소를 선택한 것을 후회한다.

어휘 arts and crafts 공예   postpone 연기하다   severe 심한
organizer 기획자, 주최자   outdoor 야외의   venue 장소
thoroughly 철저히   weather report 일기예보

can't help 뒤에는 동명사가 온다.

예제 해석
내가 가장 좋아하는 밴드인 Brass Strings는 지난주 일요일에 해체를 발표했다! 이제 나는 그들의 가장 최근 앨범을 들을 때 슬퍼지지 않을 수 없는데 이는 내가 그것이 그들의 마지막 앨범임을 알기 때문이다.

어휘 breakup 해체, 이별

공식 적용 문제

1	a	2	d					

1

단서 go

해설 go가 있다. 따라서 'go + 동명사'의 형태로 쓰여 '~하러 가다'라는 관용적 의미를 나타내는 동명사 (a) sightseeing이 정답이다.

해석 Matt과 Jenna의 신혼여행 일정표는 상당히 간단하다. 아침의 간단한 아침 식사 후에, 그들은 오후에 관광 여행하러 갈 것이고 저녁에는 공연을 볼 것이다.

어휘 itinerary 여행 일정표   sightsee 관광 여행하다

2

단서 were able

해설 were able이 있다. 따라서 'be able + to 부정사'의 형태로 쓰여 '~할 수 있다'라는 관용적 의미를 나타내는 to 부정사 (d) to spread가 정답이다.

해석 '차'라는 단어는 대부분의 언어에서 '티' 혹은 '차'처럼 들린다. 중국에서 유래하여, 이 두 발음은 각각 육로와 해상 무역로를 통해 퍼질 수 있었다.

어휘 originate from ~에서 유래하다   pronunciation 발음
via ~를 통해   respectively 각각   spread 퍼지다; 퍼뜨리다

p.62

01	b	02	d	03	a	04	a	05	c	06	b
07	c	08	d	09	d	10	a	11	b	12	c
13	b	14	a	15	c	16	d	17	a	18	c
19	a	20	c	21	b	22	b	23	a	24	d

01 동명사 [정답 찾는 공식 14]   정답 (b)

[단서] mind

[해설] 동사 mind가 있다. mind는 동명사를 목적어로 취하므로 동명사 (b) sitting이 정답이다.

[오답분석] (d) 동명사의 완료형 having p.p.는 문장의 동사보다 이전에 일어난 일을 나타낼 때 사용하는데, 동명사가 나타내는 일이 문장의 동사(doesn't ~ mind)보다 이전에 일어난 일이 아니므로 완료형은 오답이다.

[해석] 선택권이 있다면, Larry는 언제나 스포츠 경기를 텔레비전을 통해서가 아니라 직접 시청하는 것을 선택할 것이다. 그가 실황 경기의 분위기에 동참할 수 있는 한 그는 심지어 경기장의 맨 뒷줄에 앉는 것도 꺼리지 않는다.

[어휘] opt 선택하다 in person 직접 as opposed to ~이 아니라 row 줄, 열 participate in ~에 동참하다 atmosphere 분위기

02 to 부정사 [정답 찾는 공식 09]   정답 (d)

[해설] 보기의 동사 draw가 '(주위를) 돌리기 위해'라고 해석된다. 따라서 목적(~하기 위해)의 의미를 나타낼 수 있는 to 부정사 (d) to draw가 정답이다.

[해석] 「스타와 함께 춤을」의 다음 시즌은 광고 없이 방영될 것이다. 보조 프로그램 진행자는 크루가 다음 공연을 준비하는 동안에 무대로부터 주위를 돌리기 위해 추가되었다.

[어휘] air 방영되다; 방송하다 advertisement 광고 draw ~ away from ~을 -으로부터 돌리다 attention 주위

03 to 부정사 [정답 찾는 공식 11]   정답 (a)

[단서] promised

[해설] 동사 promise(promised)가 있다. promise는 to 부정사를 목적어로 취하므로 to 부정사 (a) to land가 정답이다.

[오답분석] (b) to 부정사의 완료형 to have p.p.는 문장의 동사보다 이전에 일어난 일을 나타낼 때 사용하는데, to 부정사가 나타내는 일이 문장의 동사(promised)보다 이전에 일어난 일이 아니므로 완료형은 오답이다.

[해석] 미국 대통령 존 F. 케네디는 1961년에 의회에 연설했다. 그는 우주 프로그램을 위한 추가적인 90억 달러를 요청했다. 이

자금을 가지고, 그는 1960년대 말까지 달에 인류를 착륙시킬 것을 약속했다.

[어휘] congress 의회 request 요청하다 additional 추가적인 space 우주 funding 자금 decade 10년 land 착륙시키다

04 to 부정사 [정답 찾는 공식 12]   정답 (a)

[단서] expect

[해설] 'expect + 목적어'(expect him)가 있다. expect는 'expect + 목적어 + 목적격 보어'의 형태로 쓰일 때 to 부정사를 목적격 보어로 취하여 '~가 -할 것으로 기대하다'라는 의미를 나타내므로 to 부정사 (a) to approve가 정답이다.

[오답분석] (c) to 부정사의 진행형은 문장의 동사가 나타내는 시점에 진행 중인 일을 표현한다. 그런데 '승인을 하고 있는 동작'(approve)이 진행되고 있는 것은 문맥상 어색하므로 오답이다. 참고로 지텔프에 진행형이 정답인 to 부정사 문제는 거의 나오지 않는다.

[해석] Jessie는 개인적인 비상 상황이 있어서 마감 기한까지 주간 과제를 제출할 수 없었다. 그녀는 교수에게 연장을 요청하려고 이메일을 보냈고 응답을 기다리고 있는 중이지만, 그녀는 그가 그녀의 요청을 승인할 것으로 기대하지 않는다.

[어휘] emergency 비상 상황, 응급 be unable to ~할 수 없다 turn in ~을 제출하다 ask for ~을 요청하다 extension (기간의) 연장 response 응답 approve 승인하다

05 동명사 [정답 찾는 공식 14]   정답 (c)

[단서] consider

[해설] 동사 consider가 있다. consider는 동명사를 목적어로 취하므로 동명사 (c) switching이 정답이다.

[오답분석] (d) 동명사의 완료형 having p.p.는 문장의 동사보다 이전에 일어난 일을 나타낼 때 사용한다. 그런데 문제에서 동명사가 나타내는 '바꾸는'(switch) 일은 강사와 대화한 뒤에 고려할 일로써, 문장의 동사(will consider)보다 이전에 일어난 일이 아니므로 완료형은 오답이다.

[해석] 나는 당황했다! 난 중급 캘리그래피 수업을 따라잡을 수가 없다. 나의 진전에 대해 강사와 대화한 뒤에, 나는 내 능력에 더 잘 맞는 초급 과정으로 바꾸는 것을 고려할 것이다.

[어휘] keep up with ~을 따라잡다 intermediate 중급의 progress 진전 beginner 초보자 suit 맞다, 어울리다

06 동명사 [정답 찾는 공식 14]   정답 (b)

[단서] dreads

[해설] 동사 dread(dreads)가 있다. dread는 동명사를 목적어로 취하므로 동명사 (b) competing이 정답이다.

오답 분석 (c) 동사 dread는 'dread to think'와 같이 뒤에 동사 think (생각하다)가 오는 경우에만 예외적으로 to 부정사를 목적 어로 취하므로, to 부정사는 오답이다.

해석 Liam Verne는 그의 프로 축구 리그에서 최고의 수비수 중 한 명이다. 그의 경력 동안 쭉, 그는 그의 수비 능력으로 많은 개인상을 타 왔다. 그의 명성에도 불구하고, 그가 맞서서 <u>경쟁하기를</u> 몹시 두려워하는 몇몇 선수들이 있다.

어휘 defender 수비수 throughout ~ 동안 쭉 reputation 명성
dread 몹시 두려워하다 compete 경쟁하다, 참가하다

07 동명사 [정답 찾는 공식 15] 정답 (c)

단서 remembers

해설 보기의 동사 join이 remember(remembers) 뒤에서 '(과 거에) 함께한 것'이라고 해석된다. 따라서 동사 remember 뒤에서 '(과거에) ~한 것을 기억하다'라는 의미를 만드는 동명사 (c) joining이 정답이다.

오답 분석 (d) 어린 시절에 엘살바도르에서 할아버지와 함께 캠핑 여 행을 한 기억을 떠올리는 문맥이므로, 과거의 이야기를 하 고 있음을 알 수 있다. 따라서 동사 remember 뒤에서 '미 래에 (~할 것을) 기억하다'라는 의미를 나타내는 to 부정사 는 의미상 어색하여 오답이다.

해석 Luis는 엘살바도르에서 살면서 보낸 시간에 대한 많은 기억 을 가지고 있지 않은데 이는 그가 여섯 살이었을 때 캐나다 로 이주해 왔기 때문이다. 하지만, 그는 해변 근처에서의 몇 몇 캠핑 여행에 할아버지와 <u>함께한 것을</u> 기억한다.

어휘 immigrate 이주해 오다, 이민을 오다 join 함께하다, 합류하다

08 to 부정사 [정답 찾는 공식 11] 정답 (d)

단서 intended

해설 동사 intend(intended)가 있다. intend는 to 부정사를 목 적어로 취하므로 to 부정사 (d) to confound가 정답이다.

해석 「왕좌의 게임」 텔레비전 시리즈의 결말은 강한 비판에 직면 했다. 프로그램의 작가들은 예측 불가능한 전개로 청중을 <u>어 리둥절하게 만들려고</u> 의도했다. 궁극적으로, 그들의 노력은 팬들을 불만스럽게 만든 비논리적인 구성으로 이어졌다.

어휘 criticism 비판 unpredictable 예측 불가능한
twist 전개, 전환 ultimately 궁극적으로 illogical 비논리적인
plot 구성 frustrate 불만스럽게 만들다
confound 어리둥절하게 만들다

09 동명사 [정답 찾는 공식 14] 정답 (d)

단서 kept

해설 동사 keep(kept)이 있다. keep은 동명사를 목적어로 취하 므로 동명사 (d) trying이 정답이다.

오답 분석 (b) 동명사가 나타내는 일이 문장의 동사(kept)보다 이전 에 일어난 일이 아니고, 동시에 일어나는 일이므로 완료형 은 오답이다.

해석 1952년 올림픽에 참가한 다음에, 로저 배니스터는 4분 마일 을 뛰는 최초의 사람이 되기로 결심했다. 그는 계속 <u>시도했 고</u> 1954년에 마침내 그 수준을 능가했다.

어휘 be determined to ~하기로 결심하다
a four-minute mile 4분 마일(마일을 4분 내에 완주하는 것)
best 능가하다, 이기다 mark 수준, 정도

10 to 부정사 [정답 찾는 공식 12] 정답 (a)

단서 allows passengers

해설 'allow + 목적어'(allows passengers)가 있다. allow는 'allow + 목적어 + 목적격 보어'의 형태로 쓰일 때 to 부정 사를 목적격 보어로 취하여 '~가 -하도록 허용하다'라는 의 미를 나타내므로 to 부정사 (a) to check in이 정답이다.

오답 분석 (b) to 부정사가 나타내는 '(짐을) 부치는'(check in) 일이 문장의 동사(allows)보다 이전에 일어난 일이 아니므로 완 료형은 오답이다. 참고로 to 부정사가 5형식 동사의 목적 격 보어로 쓰일 때는, 대부분 문장의 동사보다 미래에 일어 날 일을 나타낸다.

해석 Lily는 그녀가 보통 많은 양의 짐을 가지고 여행하는 것을 고 려해 그녀의 항공편을 해외와 국내 여행 모두 Air Smooth에 서 예약하는 것을 선호한다. 이 항공사는 승객들이 두 개의 가방을 무료로 <u>부치도록</u> 허용한다.

어휘 book 예약하다 flight 항공편, 항공기 domestic 국내의
given that ~을 고려하면 luggage 짐, 수하물
airline 항공사 free of charge 무료로
check in (비행기 등을 탈 때) ~을 부치다

11 동명사 [정답 찾는 공식 14] 정답 (b)

단서 recommend

해설 동사 recommend가 있다. recommend는 동명사를 목적 어로 취하므로 동명사 (b) adding이 정답이다.

오답 분석 (a) 동명사가 나타내는 일이 문장의 동사(recommend)보 다 이전에 일어난 일이 아니고, 앞으로 추가하도록 권고한 다는 문맥이므로 완료형은 오답이다.

해석 생강은 속 쓰림, 메스꺼움, 그리고 소화불량을 치료하는 것 을 돕는 천연 치료제이다. 만약 이러한 증상들이 있다면, 건 강 전문가들은 이 뿌리를 그의 식단에 <u>추가할 것을</u> 권고한 다. 그것은 차로 혹은 아주 잘게 갈려 수프 혹은 스무디에 들 어가 섭취될 수 있다.

어휘 ginger 생강 remedy 치료제 cure 치료하다
heartburn 속 쓰림 nausea 메스꺼움 indigestion 소화불량
symptom 증상 present 있는, 존재하는
professional 전문가 grate (강판에 문질러서) 아주 잘게 갈다

12 to 부정사 [정답 찾는 공식 16]   정답 (c)

단서 is likely

해설 is likely가 있다. 따라서 'be likely + to 부정사'의 형태로 쓰여 '~할 것 같다'라는 관용적 의미를 나타내는 to 부정사 (c) to claim이 정답이다.

해석 중국은 현재 14억 명이 넘는 거주자를 보유해, 세계에서 가장 많은 사람이 거주하고 있는 국가이다. 하지만, 인도가 다음 5년 안에 1위 자리를 차지할 것 같다.

어휘 populate 거주시키다 inhabitant 거주자, 주민
nation 국가, 나라 top spot 1위 claim 차지하다

13 to 부정사 [정답 찾는 공식 09]   정답 (b)

해설 보기의 동사 get이 '(치료를) 받게 하기 위해'라고 해석된다. 따라서 목적(~하기 위해)의 의미를 나타낼 수 있는 to 부정사 (b) to get이 정답이다.

해석 그리스로 가는 Mary의 항공편에 탄 한 승객은 극심한 비행기 멀미를 겪기 시작했다. 탑승한 의사가 없었으므로, 조종사는 그 아파하는 사람이 가능한 한 빨리 치료를 받게 하기 위해 이탈리아에 긴급 착륙했다.

어휘 airsickness 비행기 멀미 on board 탑승한, 승선한
pilot 조종사 emergency landing 긴급 착륙
distressed 아파하는 medical attention 치료

14 동명사 [정답 찾는 공식 14]   정답 (a)

단서 postponed

해설 동사 postpone(postponed)이 있다. postpone은 동명사를 목적어로 취하므로 동명사 (a) seeing이 정답이다.

해석 Derek은 이번 주말에 계획이 없다. 그는 토요일에, 그가 몇 달간 보지 못했던 친구 Richard와 점심을 먹기로 되어 있었다. 막판에 생긴 자동차 문제로 인해, Richard는 다음 주까지 그를 만나는 것을 미루었다.

어휘 be supposed to ~하기로 되어 있다 last-minute 막판의
postpone 미루다

15 to 부정사 [정답 찾는 공식 09]   정답 (c)

해설 보기의 동사 improve가 '더 나아지기 위해'라고 해석된다. 따라서 목적(~하기 위해)의 의미를 나타낼 수 있는 to 부정사 (c) to improve가 정답이다.

해석 2학년 때, 마이클 조던은 그의 고등학교 농구팀에서 잘렸다. 조던은 이 경험을 그의 경기 경력의 전환점으로 여긴다. 그 순간 이후로, 그는 선수로서 더 나아지기 위해 강박적으로 연습했다.

어휘 sophomore 2학년생 credit 여기다, 공이라고 말하다
turning point 전환점 athletic 경기의
obsessively 강박적으로 improve 더 나아지다, 향상시키다

16 to 부정사 [정답 찾는 공식 11]   정답 (d)

단서 decided

해설 동사 decide(decided)가 있다. decide는 to 부정사를 목적어로 취하므로 to 부정사 (d) to shift가 정답이다.

해석 벤 애플렉과 맷 데이먼은 1997년에 아카데미 각본상을 수상했다. 하지만, 그들은 곧 그들의 초점을 집필로부터 연기 쪽으로 바꾸기로 결심했는데, 연기는 시간이 많이 걸리지 않았다.

어휘 screenplay 각본 toward ~ 쪽으로, ~을 향하여
time-consuming (많은) 시간이 걸리는 shift 바꾸다

17 동명사 [정답 찾는 공식 14]   정답 (a)

단서 prevent

해설 동사 prevent가 있다. prevent는 동명사를 목적어로 취하므로 동명사 (a) drowning이 정답이다.

오답 분석 (c) 동명사가 나타내는 '익사하는'(drown) 일은 문장의 동사(prevent)보다 이전에 일어나는 일이 아니고, 앞으로의 일을 방지한다는 문맥이므로 완료형은 오답이다.

해석 수영 실력에 관계없이, Blue Crystal 호수의 물에 들어가는 모든 사람은 구명조끼를 입어야 한다. 이것은 익사하는 것을 방지하기 위한 목표의 캠페인의 결과이다.

어휘 regardless of ~에 관계없이 life jacket 구명조끼
aim 목표하다, 겨냥하다 prevent 방지하다 drown 익사하다

18 to 부정사 [정답 찾는 공식 10]   정답 (c)

단서 time

해설 보기의 동사 write가 명사 time 뒤에서 '쓸'이라고 해석되어 '쓸 시간'이라는 의미를 만들고 있다. 따라서 형용사처럼 명사를 뒤에서 수식할 수 있는 to 부정사 (c) to write가 정답이다.

오답 분석 (d) to 부정사가 나타내는 일이 문장의 동사(was ~ able to find)보다 이전에 일어난 일이 아니고, 카프카 삶의 일반적인 사실을 서술하고 있으므로 완료형은 오답이다.

해석 작가 프란츠 카프카는 그의 생을 보험 회사의 사무원으로 일하며 보냈다. 그는 밤에 늦게까지 깨어 있음으로써만 짧은 이야기와 소설을 쓸 시간을 찾을 수 있었다.

어휘 clerk 사무원, 서기 insurance 보험 stay up 깨어 있다

19 to 부정사 [정답 찾는 공식 09]   정답 (a)

해설 보기의 동사 obtain이 '얻기 위해'라고 해석된다. 따라서 목적(~하기 위해)의 의미를 나타낼 수 있는 to 부정사 (a) to obtain이 정답이다.

해석 나의 사촌 Bart는 골동품 가구를 수집하고 그 주제에 관해

아는 것이 매우 많다. 나 또한 빈티지 사이드 탁자를 사는 것에 관심이 있다. 구매를 마무리 짓기 전에, 나는 그 가구의 진위를 점검할 몇몇 정보를 <u>얻기 위해</u> 그와 상의할 것이다.

어휘 antique 골동품인 knowledgeable 아는 것이 많은
subject 주제   vintage 빈티지의, 고전적인
finalize 마무리 짓다   consult 상의하다   inspect 점검하다
authenticity 진위   piece 한 점, 한 개

20 동명사 [정답 찾는 공식 14]   정답 (c)

단서 finish

해설 동사 finish가 있다. finish는 동명사를 목적어로 취하므로 동명사 (c) revising이 정답이다.

해석 Sydney는 이번 주 교사 워크숍에서 발표할 것을 기대하고 있다. 그녀의 발표는 기술을 교실에 통합시킬 혁신적인 방법들을 다룰 것이다. 그녀는 그녀의 슬라이드 쇼를 <u>수정하는 것</u>만 끝내면 되기 때문에 거의 마쳤다.

어휘 cover 다루다   innovative 혁신적인   integrate 통합시키다
revise 수정하다

21 to 부정사 [정답 찾는 공식 11]   정답 (b)

단서 seeks

해설 동사 seek(seeks)이 있다. seek은 to 부정사를 목적어로 취하므로 to 부정사 (b) to eliminate가 정답이다.

해석 피지는 2050년까지 탄소 중립 목표에 도달하는 것에 전념한다. 이것을 하기 위해, 그 국가는 더 많은 재생 가능한 에너지원을 시행할 것이다. 게다가, 정부는 모든 탄화된 수송을 향후 몇 년간 <u>없애는 것</u>을 추구한다.

어휘 be committed to ~에 전념하다
net zero carbon 탄소 중립의, 이산화탄소 순 배출이 없는
implement 시행하다   renewable 재생 가능한
carbonize 탄화시키다   transportation 수송

22 to 부정사 [정답 찾는 공식 10]   정답 (b)

단서 ability

해설 보기의 동사 make가 명사 ability 뒤에서 '할'이라고 해석되어 '할 능력'이라는 의미를 만들고 있다. 따라서 형용사처럼 명사를 뒤에서 수식할 수 있는 to 부정사 (b) to make가 정답이다.

해석 3년간의 포르투갈어 수업을 듣고 브라질에서 유학을 한 뒤에도, Ricky는 여전히 원어민과 대화하는 데 고투한다. 하지만 기특하게도, 그는 제2 언어로 농담할 능력이 있다.

어휘 study abroad 유학하다, 외국에서 공부하다
struggle 고투하다   converse 대화하다
native speaker 원어민   to one's credit 기특하게도

23 to 부정사 [정답 찾는 공식 13]   정답 (a)

단서 it is

해설 'it is ~' 뒤에서 보기의 동사 protect가 '보호하는 것이'라고 해석된다. 따라서 주어로 쓰일 때 가주어 it을 주어 자리에 놓고 문장의 뒤로 가서 진주어 역할을 할 수 있는 to 부정사 (a) to protect가 정답이다.

해석 야생 호랑이 개체 수가 세계적으로 감소하고 있는데 이는 그것들이 서식할 적절한 장소가 부족하기 때문이다. 따라서, 그것이 인간의 사회간접자본 개발에 제한을 두는 것을 뜻할지라도 야생 호랑이의 서식지를 <u>보호하는 것</u>이 바람직하다.

어휘 population 개체 수, 인구   dwindle 감소하다   lack 부족하다
adequate 적절한, 알맞은   advisable 바람직한
habitat 서식지   development 개발
infrastructure 사회간접자본

24 동명사 [정답 찾는 공식 14]   정답 (d)

단서 enjoys

해설 동사 enjoy(enjoys)가 있다. enjoy는 동명사를 목적어로 취하므로 동명사 (d) reading이 정답이다.

해석 마크 트웨인의 고전문학에 관한 격언이 있다. 요약하면, 그는 고전 작품은 모든 사람이 칭송하지만 아무도 <u>읽는 것</u>을 즐기지 않는 것이라고 말하였다. 역설적이게도, 그의 소설 대부분은 현대문학 분석가들에 의해 고전으로 여겨진다.

어휘 saying 격언, 속담   in regard to ~에 관한
classical literature 고전문학   in summary 요약하면
praise 칭송하다, 칭찬하다   ironically 역설적이게도
analyst 분석가

Chapter 4 조동사

정답 찾는 **공식 17** p.68

'suggest that + 주어' 뒤에는 동사원형이 온다.

[예제 해석] 마케팅팀은 그들의 많은 프로젝트에서 프리랜서 영상 편집자에 의존한다. 비용을 절감하기 위해, 부서장은 그 팀이 내부 편집자를 고용해야 한다고 제안했다.

[어휘] rely on ~에 의존하다 in-house 내부의

공식 적용 문제

1	d	2	c						

1

[단서] requests that they

[해설] 'request that + 주어'(requests that they)가 있다. 주절에 요구를 나타내는 동사가 있으면 that절에는 '(should +) 동사원형'이 와야 하므로, 동사원형 (d) remove가 정답이다.

[해석] Rob은 방금 그의 아파트에 새로운 카펫을 설치했다. 친구들이 들를 때, 그는 그들이 집에 들어오기 전에 신발을 벗어야 한다고 요청한다.

[어휘] install 설치하다 come over (누구의 집에) 들르다 remove 벗다, 제거하다

2

[단서] urgent that the vessel

[해설] 'urgent that + 주어'(urgent that the vessel)가 있다. 주절에 명령을 나타내는 형용사가 있으면 that절에는 '(should +) 동사원형'이 와야 하므로, 동사원형 (c) return이 정답이다.

[해석] 좋지 못한 날씨는 유람선에 안전 위협을 제기할 수도 있다. 폭풍 속에 갇히기 전에 그 선박이 항구로 돌아와야 하는 것은 시급하다.

[어휘] inclement 좋지 못한 pose 제기하다 threat 위협 cruise 유람선 vessel 선박 port 항구 trap 가두다 storm 폭풍

정답 찾는 **공식 18** p.69

'~할 수 있다'라고 해석되면 can이 정답이다.

[예제 해석] 박쥐는 앞이 안 보이는 것은 아니지만, 대체로 좋지 않은 시력을 가지고 있다. 대신에, 그것들은 굉장한 고주파를 들을 수 있고, 이는 그것들이 먹이를 찾고 장애물을 피하는 것을 돕는다.

[어휘] bat 박쥐 blind 눈이 안 보이는, 시각장애의 eyesight 시력 frequency 주파수, 진동수 locate 찾다 obstacle 장애물

공식 적용 문제

1	a	2	c						

1

[단서] weaken

[해설] 빈칸이 '(약화시)킬 수 있다'라고 해석되어, 불규칙한 취침 일정이 면역 체계를 약화시키는 악영향을 가져올 가능성이 있다고 설명하는 문맥이 되어야 자연스럽다. 따라서 '~할 가능성이 있다'라는 의미의 가능성을 나타내는 조동사 (a) can이 정답이다.

[해석] 오늘날 많은 사람들은 그들의 업무나 학업 때문에 적절한 수면을 취하는 것을 미룬다. 하지만, 불규칙한 취침 일정은 체내의 염증을 증가시킴으로써 면역 체계를 약화시킬 가능성이 있다.

[어휘] put off 미루다, 연기하다 proper 적절한 irregular 불규칙한 weaken 약화시키다 immune system 면역 체계 inflammation 염증

2

[단서] enter

[해설] 빈칸이 '(참여)하는 것이 허용된다'라고 해석되어, 19세가 되어야 참여가 허가된다고 설명하는 문맥이 되어야 자연스럽다. 따라서 '~해도 된다', '~하는 것이 허용된다'라는 의미의 허가를 나타내는 조동사 (c) can이 정답이다.

[해석] NBA는 나이 제한을 높이기 위해 그것의 참가 규정을 2006년에 개정했다. 이제, 선수들은 그들이 19세가 되어서야 선수 선발에 참여하는 것이 허용된다. 그래도 대부분의 신인 선수들의 평균 나이는 22세이긴 하다.

[어휘] amend 개정하다 raise 높이다 draft 선수 선발 rookie 신인 선수, 초보자

정답 찾는 공식 19

p.70

'~하지 않으면 안 된다'라고 해석되면 must를 쓴다.

[예제 해석] 소방관들은 안전 의례를 따르도록 요구된다. 비상사태에 따라, 소방서를 나서기 전에 소방관들은 적절한 개인 보호 장비를 착용하지 않으면 안 된다.

[어휘] expect 요구하다, 기대하다 protocol 의례, 의전
depending on ~에 따라 emergency 비상사태, 응급
appropriate 적절한 protective 보호의

공식 적용 문제

1	d	2	c				

1

[단서] be requested, have

[해설] 빈칸이 '(미리 요청되)지 않으면 안 된다', '(의제가 있)지 않으면 안 된다'라고 해석되어, 회의를 생산적이게 하기 위해 지켜져야 할 의무를 설명하는 문맥이 되어야 자연스럽다. 따라서 '~하지 않으면 안 된다'라는 의미의 의무를 나타내는 조동사 (d) must가 정답이다.

[오답 분석] (a) 'Effective from today'에서 오늘부터 발효된다고 했으므로, 회의 관련 규정이 의무적이라는 것을 알 수 있다. 따라서 '해도 된다'라는 허가의 의미를 나타내는 조동사 can은 문맥에 적합하지 않아 오답이다.

[해석] Freeman 금융의 경영자들은 회의가 계속 생산적이어야 한다고 주장한다. 오늘부터 발효되어, 회의는 최소 24시간 미리 요청되지 않으면 안 되고 계획된 의제가 있지 않으면 안 된다.

[어휘] insistent 주장하는 productive 생산적인
effective 발효되는 in advance 미리 agenda 의제

2

[단서] adhere

[해설] 빈칸이 '(지키)지 않으면 안 된다'라고 해석되어, 출품작이 반드시 지켜야 할 의무적인 조건을 설명하는 문맥이 되어야 자연스럽다. 따라서 '~하지 않으면 안 된다'라는 의미의 의무를 나타내는 조동사 (c) must가 정답이다.

[오답 분석] (d) 마지막 문장에서 명확한 연결성이 없는 기획은 검토 없이 거절된다고 했으므로, 모든 출품작들이 정해진 주제를 지키는 것은 대회에 참가하기 위해 지켜야 할 의무적인 내용임을 알 수 있다. 따라서 예정의 뜻을 가진 will보다는 의무의 뜻을 가진 must가 정답으로 더 적절하다.

[해석] Start Art 잡지의 연례 대회가 제출품을 받는다. 모든 출품작들은 모험의 주제를 충실히 지키지 않으면 안 된다. 명확한 연결성이 없는 기획은 검토 없이 거절된다.

[어휘] annual 연례의, 연간의 submission 제출(품) entry 출품작

adhere to ~을 충실히 지키다, 고수하다 adventure 모험
project 기획, 활동 connection 연결(성) reject 거절하다

정답 찾는 공식 20

p.71

'~하는 것이 좋겠다'라고 해석되면 should를 고른다.

[예제 해석] 무릎 관절 교체 수술 이후의 회복 시간은 서로 다르다. 그러한 까닭에, 환자들은 그들의 기동성을 가능한 한 빨리 되찾기 위해 물리치료에 참여하는 것이 좋겠다.

[어휘] recovery 회복
knee replacement surgery 무릎 관절 교체 수술
vary 서로 다르다 physical therapy 물리치료
regain 되찾다, 회복하다 mobility 기동성, 이동성

공식 적용 문제

1	b	2	a				

1

[단서] start

[해설] 빈칸이 '(시작)하는 것이 좋겠다'라고 해석되어, 뮤지컬 배우를 꿈꾸는 Natasha에게 멘토가 배우로서 무대에 서기 전에 앙상블의 멤버로부터 시작해 차근차근 경력을 쌓는 것이 좋겠다고 조언하는 내용이 되어야 자연스럽다. 따라서 '~하는 것이 좋겠다'라는 의미의 권고를 나타내는 조동사 (b) should가 정답이다.

[오답 분석] (c) 앙상블 멤버 참여부터 시작하는 것이 좋겠다고 말하는 사람이 Natasha의 멘토이고, 조언의 내용이 구체적이며 근거를 갖추고 있다. 따라서 약한 추측을 나타내는 조동사 might보다는 권고 및 조언의 의미를 나타내는 조동사 should가 정답으로 더 적절하다.

[해석] Natasha는 뮤지컬 배우로서 공연에 출연하는 것을 꿈꾼다. 그녀의 멘토인 Johnson은 그녀가 업계에서의 경력을 쌓기 위해 우선 앙상블의 멤버로서 참여하는 것부터 시작하는 것이 좋겠다고 말한다.

[어휘] star 출연하다 mentor 멘토, 좋은 조언자
involve 참여하다, 관여하다 ensemble 앙상블, 합창단
industry 업계, 산업

2

[단서] be consumed

[해설] 빈칸이 '(섭취)되는 것이 좋겠다'라고 해석되어 운동선수가 경기 전날 섭취하도록 권고되는 것을 설명하는 문맥이 되어야 자연스럽다. 따라서 '~하는 것이 좋겠다'라는 의미의 권고를 나타내는 조동사 (a) should가 정답이다.

(d) 첫 번째 문장에서 철인 3종 경기 전날 저녁에 섭취하는 것이 경기 성과에 미치는 영향이 크다고 단정적으로 언급했다. 또한, 운동선수가 경기 전날 식단 관리를 하는 것은 선택의 문제가 아니라 반드시 해야 할 의무적인 것에 가까우므로, 가능성을 나타내는 조동사 can보다는 권고적인 의무를 나타내는 조동사 should가 정답으로 더 적절하다.

해석 철인 3종 경기 전날 밤에 한 사람이 섭취하는 것은 그의 성과에 아주 많이 영향을 미친다. 따라서, 그 운동선수가 경주를 끝마칠 충분한 에너지를 공급하기 위해 탄수화물이 풍부한 소화하기 쉬운 음식들이 섭취되는 것이 좋겠다.

어휘 triathlon 철인 3종 경기   heavily 아주 많이
digestible 소화하기 쉬운   rich 풍부한
carbohydrate 탄수화물   consume 섭취하다
athlete 운동선수

정답 찾는 공식 21   p.72

'~할 것이다'라고 해석되면 will이 정답이다.

예제
해석 Davis 기업은 Vivian Wood의 은퇴를 발표했다. 회사의 이사회는 다음 주에 그녀의 대체자를 선정할 것이다.

어휘 corporation 기업, 조합   retirement 은퇴
board of directors 이사회, 경영진
replacement 대체자, 대체물

공식 적용 문제

1	d	2	a					

1

단서 make ~ contributions

해설 빈칸이 '(기부)할 것이다'라고 해석되어 Cooper의 새해 의지를 설명하는 문맥이 되어야 자연스럽다. 따라서 '~할 것이다'라는 의미의 의지를 나타내는 조동사 (d) will이 정답이다.

(b), (c) 첫 번째 문장의 'decided on his ~ resolution'(그의 다짐을 결정했다)을 통해 지문 내용이 화자의 의지가 담긴 새해 다짐을 다루고 있음을 알 수 있으므로, 추측이나 가능성을 나타내는 조동사 may나 can은 문맥에 적합하지 않아 오답이다.

해석 많은 생각을 한 뒤에, Cooper는 마침내 그의 새해 다짐을 결정했다. 1월부터, 그는 매월 식량 은행과 지역 동물 쉼터에 자선 기부할 것이다.

어휘 resolution 다짐, 결심   charitable 자선의, 자선을 베푸는
make a contribution 기부하다   shelter 쉼터, 대피처, 피신처

2

단서 said ~ continue

해설 빈칸이 '(계속)할 것이다'라고 해석되어 새로운 주인의 의지를 설명하는 문맥이 되어야 자연스럽다. 주절에 과거 동사 said가 있으므로 that절의 동사 자리에는 '~할 것이다'라는 의미의 의지를 나타내는 조동사 will의 과거형 (a) would가 정답이다.

(c) 조동사 will도 의지를 나타내기는 하지만, 주절에 과거 동사 said가 있으므로 시제를 일치시키기 위해 과거형을 사용해야 하여 오답이다.

해석 지난달에 스테이크 하우스를 매입한 기업가는 메뉴에 어떤 극단적인 변화도 만들지 않을 것이라고 약속했다. 그는 식당이 동네에서 최고의 스테이크를 제공하는 것을 계속할 것이라고 말했다.

어휘 entrepreneur 기업가   drastic 극단적인, 과감한
serve 제공하다

정답 찾는 공식 22   p.73

'~할지도 모른다'라고 해석되면 may를 쓴다.

예제
해석 사람들은 감기에 대한 흔한 오해를 가지고 있다. 몹시 추운 날씨가 감기를 유발하는 것처럼 보일지도 모르지만, 진짜 감기를 야기하는 것은 공기를 통해 퍼지는 바이러스이다.

어휘 misconception 오해   cold 감기   frigid 몹시 추운
bring on ~을 야기하다   spread 퍼지다

공식 적용 문제

1	c	2	d					

1

단서 not come

해설 빈칸이 '(오지 않)을지도 모른다'라고 해석되어 Adam이 손님이 올지 안 올지를 추측하는 문맥이 되어야 자연스럽다. 따라서 '~할지도 모른다'라는 의미의 약한 추측을 나타내는 조동사 (c) might가 정답이다.

(d) 아직 결혼식 장소를 정하지도 않은 상태이고, 손님들이 다른 나라까지 결혼식을 보기 위해 올지 안 올지 그 의중을 정확히 모르는 상황에서 Adam이 막연하게 손님들의 의사를 추측하는 문맥이다. 따라서 미래에 예정된 것에 대한 확실성을 나타내는 조동사 will의 경우, 약한 추측을 나타내기에는 might보다 적절하지 않아 오답이다.

해석 Julia와 Adam은 그들의 결혼식 장소에 대해 상의하고 있다. Julia는 열대 지방에서 식을 갖기를 정말 원하지만, Adam은

몇몇 손님은 그들이 다른 나라로 여행해야 한다면 오지 않을 지도 모른다고 생각한다.

어휘 venue 장소   ceremony 식, 의식   tropical 열대의

2

단서 get on

해설 빈칸이 '(타)도 된다'라고 해석되어 서비스 요원이 Stuart 가 대체 비행기에 탑승하는 것을 허가하는 문맥이 되어야 자연스럽다. 따라서 '~해도 된다'라는 의미의 허가를 나타내는 조동사 (d) may가 정답이다.

오답분석 (a) 서비스 요원이 탑승을 허가한다고 말한 것이지, Stuart 가 탑승할 것이라고 확정적으로 말한 것이 아니므로 미래의 예정을 나타내는 조동사 will보다는 허가를 나타내는 조동사 may가 정답으로 더 적절하다.

해석 Stuart는 파리로 가는 그의 비행기를 놓쳤다. 감사하게도, 서비스 요원이 그가 프랑스 수도로 향하는 다음 비행기에 타도 된다고 말하는데 이는 거기에 몇몇 예약되어 있지 않은 좌석들이 이용 가능하기 때문이다.

어휘 thankfully 감사하게도   get on ~에 타다   head 향하다
capital 수도   unreserved 예약되어 있지 않은

01	d	02	a	03	c	04	b	05	b	06	c
07	c	08	d	09	d	10	c	11	a	12	b
13	a	14	b	15	c	16	a	17	c	18	a
19	b	20	c	21	d	22	a	23	b	24	b

01 일반 조동사 – can [정답 찾는 공식 18]   정답 (d)

단서 start

해설 빈칸이 '(시작)할 가능성이 있다'라고 해석되어, 아이들이 법정 연령보다 더 빨리 소셜 네트워크 사이트에 접근할 가능성이 있다고 설명하는 문맥이 되어야 자연스럽다. 따라서 '~할 가능성이 있다'라는 의미의 가능성을 나타내는 조동사 (d) can이 정답이다.

오답분석 (a) 조동사 will을 쓰는 경우, 스마트 기기에 접근 가능한 모든 아이들이 소셜 네트워크를 빨리 시작할 것이라는 의미가 된다. 하지만 지문은 연령 요건이 자체적으로 인증되는 소셜 네트워크 사이트의 특성상, 법정 연령이 되지 않는 아이들도 소셜 네트워크를 더 빨리 시작할 가능성이 있음을 지적하는 문맥에 가까우므로, 미래에 예정된 것에 대한 확실성을 나타내는 조동사 will보다는 가능성을 나타내는 조동사 can이 더 적합하다.

해석 법에 의하면, 소셜 네트워크 사이트에서 계정을 생성하기 위한 최소 연령은 13세이다. 하지만 스마트 기기에의 접촉 기회가 있는 아이들은 더 빨리 시작할 가능성이 있는데, 이는 연령 요건이 자체적으로 인증되기 때문이다.

어휘 minimum 최소의   access 접촉 기회, 접근
device 기기, 장치   requirement 요건, 필요 조건
self-certified 자체적으로 인증되는, 공식 인증된

02 조동사 should 생략 [정답 찾는 공식 17]   정답 (a)

단서 advised that he

해설 'advise that + 주어'(advised that he)가 있다. 주절에 제안을 나타내는 동사가 있으면 that절에는 '(should +) 동사원형'이 와야 하므로, 동사원형 (a) refrain이 정답이다.

해석 Brent는 최근에 그의 눈과 관련된 문제를 겪어 오고 있는 중이다. 그의 주요 증상은 컴퓨터 화면 증후군에서 비롯된 흐릿한 시야이다. 그의 의사는 그가 컴퓨터나 휴대폰 화면을 너무 오랫동안 보는 것을 삼가야 한다고 충고했다.

어휘 symptom 증상   blurry 흐릿한   vision 시야, 시력
digital eyestrain 컴퓨터 화면 증후군
refrain from ~을 삼가다

03 조동사 should 생략 [정답 찾는 공식 17]   정답 (c)

단서 urged that an individual

해설 'urge that + 주어'(urged that an individual)가 있다. 주절에 요구를 나타내는 동사가 있으면 that절에는 '(should +) 동사원형'이 와야 하므로, 동사원형 (c) invoke가 정답이다.

해석 선거에 이르러, Norman Rockridge 후보자는 주 여기저기의 대학 캠퍼스들에서 만남과 대화의 행사를 개최했다. 그는 개인이 자신의 시민의 의무를 행사해야 한다고 촉구했다. 그가 말하길, 이 젊은 사람들은 투표함으로써만 사회에서 차이를 만들어 내기를 기대할 수 있다.

어휘 lead up to ~에 이르다   election 선거   candidate 후보자
meet and greets 만남과 대화의 행사, 팬 모임
civic duty 시민의 의무   vote 투표하다
invoke 행사하다, 발동하다

04 일반 조동사 - may [정답 찾는 공식 22]   정답 (b)

단서 have

해설 빈칸이 '(조상들을 가)질지도 모른다'라고 해석되어, Luke가 족보의 네덜란드어 이름을 보고 자신에게 네덜란드에서 온 조상이 있을지도 모른다고 추측하는 문맥이 되어야 자연스럽다. 따라서 '~할지도 모른다'라는 의미의 약한 추측을 나타내는 조동사 (b) may가 정답이다.

오답분석 (c) Luke의 가설은 아직 유전자 검사를 하기 전이라 입증되지 않았다. 따라서 미래에 예정된 것에 대한 확실성을 나타내는 조동사 will보다는 추측을 나타내는 조동사 may가 더 적합하다.

해석 Luke는 1600년대까지 거슬러 올라가는 오래된 족보를 발견했다. 그 문서상의 네덜란드어로 들리는 이름들에 따르면, 그는 네덜란드로부터 이주해 온 조상들을 가질지도 모른다. 그는 이 가설을 입증하기 위해 DNA 검사를 시행하기를 원한다.

어휘 family tree 족보, 가계도   date back to ~까지 거슬러 올라가다
Dutch 네덜란드어의   ancestor 조상
immigrate 이주해 오다, 와서 살다   confirm 입증하다
theory 가설, 이론

05 일반 조동사 - must [정답 찾는 공식 19]   정답 (b)

단서 not leave

해설 빈칸이 뒤의 not과 결합하여 '(놓아두지 않)아야 한다'라고 해석된다. 따라서 야영지 방문객들이 하지 말아야 할 일에 대해 설명하는 문맥이 되어야 자연스러우므로, '~해야 한다', '~하지 않으면 안 된다'라는 의미의 의무를 나타내는 조동사 (b) must가 정답이다.

해석 주변 숲에 사는 곰들은 야영지에 머무르는 사람들에게 위험을 야기한다. 방문객들은 밤에 밖에 음식물을 놓아두지 않

아야 하는데, 이는 그러한 물건들이 그 동물들을 유인하고 공격의 위험을 높이기 때문이다.

어휘 surrounding 주변의   wood 숲   pose 야기하다, 제기하다
campsite 야영지

06 일반 조동사 - should [정답 찾는 공식 20]   정답 (c)

단서 have been delivered

해설 빈칸이 '(배달되)었으면 좋았겠다'(그런데 배달되지 않았다)라고 해석되어, 선적 실수로 인해 모든 학생들을 위한 책이 배달되지 못했던 것에 대한 유감을 나타내고 있다. 따라서 have p.p.와 함께 쓰여 '~하는 것이 좋았겠다'(그런데 하지 않았다)라는 의미의 과거 사실에 대한 유감을 나타내는 조동사 (c) should가 정답이다.

오답분석 (b) must는 have p.p.와 함께 쓰일 때 '~했음이 틀림없다'라는 의미의 과거 사실에 대한 강한 추측을 나타내므로, 빈칸에 들어가면 '배달되었음이 틀림없다'라는 부자연스러운 의미가 되어 오답이다.

해석 Ms. O'Reilly의 학생들은 수업의 첫 주 동안 그들의 교과서를 함께 썼다. 선적 실수 때문에, 유통 회사는 주문량의 절반만 공급했다. 학기가 시작하기 전에 모두를 위한 충분한 부수가 배달되었으면 좋았겠다.

어휘 shipping 선적, 해운   distribution 유통, 배급
supply 공급하다, 제공하다   deliver 배달하다

07 일반 조동사 - might [정답 찾는 공식 22]   정답 (c)

단서 guesses ~ let

해설 빈칸이 '(허락)할지도 모른다'라고 해석되어, Aaron이 그의 점장이 할 행동을 추측하는 문맥이 되어야 자연스럽다. 따라서 '~할지도 모른다'라는 의미의 약한 추측을 나타내는 조동사 (c) might가 정답이다.

오답분석 (d) 조동사 can도 '~할 가능성이 있다'라는 의미의 가능성을 나타낸다. 하지만 지문은 Aaron이 점장의 의중을 확실히 모르는 상황에서 막연하게 추측하는 문맥이고 '추측하다'라는 뜻의 동사 guess(guesses)도 쓰였으므로, 추측에 대한 확신이 훨씬 약한 조동사 might가 정답으로 더 적절하다.

해석 Aaron은 주말에 Frostry Freeze 아이스크림 가게에서 일한다. 그는 그의 친구들에게 그를 방문하라고 계속 말한다. 그는 그의 친근한 점장이 자신이 그들에게 할인을 해 주도록 허락할지도 모른다고 추측한다.

어휘 friendly 친근한, 우호적인   discount 할인

08 일반 조동사 - must [정답 찾는 공식 19]   정답 (d)

단서 receive

해설 빈칸이 '(받)지 않으면 안 된다'라고 해석되어, 국제연합 내

법률 구조 관련 규정을 설명하는 문맥이 되어야 자연스럽
다. 따라서 '~하지 않으면 안 된다'라는 의미의 의무를 나타
내는 조동사 (d) must가 정답이다.

(b) 조동사 could도 가능성을 나타낼 수 있지만, '~할 수도
있고, 아닐 수도 있다'라는 불확실성을 내포한다. 따라서
국제연합에 규정된 의무적 조치를 서술하고 있는 문맥에
는 어울리지 않는다. 참고로 지텔프에서 could는 주로 조
동사 can의 과거형으로만 출제된다.

해석 2012년에, 국제연합은 그것의 관할권 내에서 법적 원조에 대
한 보편적인 접근을 제공하는 조치를 승인했다. 이제, 경제
적 지위와 관계없이, 국제연합 가입 국가에서 범죄로 기소된
누구라도 상응하는 법률 구조를 받지 않으면 안 된다.

어휘 approve 승인하다 measure 조치 access 접근
legal 법적인 aid 원조, 도움 jurisdiction 관할권, 사법권
status 지위, 상태 accuse 기소하다, 고발하다
crime 범죄 competent 상응하는, 정당한 권한이 있는
legal representation 법률 구조

09 일반 조동사 - can [정답 찾는 공식 18] 정답 (d)

단서 play

해설 빈칸이 '(연주)할 수 있다'라고 해석되어, Charlie가 화음
몇 개를 연주할 수 있다고 그의 연주 실력을 설명하는 문맥
이 되어야 자연스럽다. 따라서 '~할 수 있다'라는 의미의 능
력을 나타내는 조동사 (d) can이 정답이다.

해석 Charlie는 지역 주민 센터의 초보자를 위한 어쿠스틱 기타 수
업에 등록했다. 수업이 막 시작했음에도 불구하고, 그는 벌
써 쉬운 화음 몇 개를 연주할 수 있다.

어휘 enroll in ~에 등록하다 beginner 초보자 chord 화음, 현

10 조동사 should 생략 [정답 찾는 공식 17] 정답 (c)

단서 essential that the ~ surface

해설 'essential that + 주어'(essential that the ~ surface)가
있다. 주절에 주장을 나타내는 형용사가 있으면 that절에
는 '(should +) 동사원형'이 와야 하므로, 동사원형 (c)
remain이 정답이다.

해석 야생초 잔디 경기장을 유지하는 것은 많은 노동력을 요하는
과정이다. 잔디에 비료를 줘야 하고, 물을 대야 하며, 깎아야
한다. 경기 전에, 부상의 가능성을 줄이기 위해 경기장이 평
평하게 유지되어야 하는 것은 필수적이다.

어휘 natural grass 야생초 turf 잔디
playing field 경기장, 운동장
labor-intensive 많은 노동력을 요하는 fertilize 비료를 주다
irrigate 물을 대다, 관개하다 mow 깎다, 베다
playing surface 경기장 level 평평한 decrease 줄이다

11 일반 조동사 - could [정답 찾는 공식 18] 정답 (a)

단서 were ~ be made

해설 빈칸이 '(이루어)질 수 있다'라고 해석되어, 산소 없이 에베
레스트산 정상에 등반할 수 있는 능력을 설명하는 문맥이
되어야 자연스럽다. 주절에 과거 동사 were가 있으므로
that절의 동사 자리에는 '~할 수 있다'라는 의미의 능력을
나타내는 조동사 can의 과거형 (a) could가 정답이다.

(d) 조동사 can도 능력을 나타내기는 하지만, 주절에 과거
동사 were가 있으므로 시제를 일치시키기 위해 과거형을
사용해야 하므로 오답이다.

해석 라인홀트 메스너와 피터 하벨러는 그들이 1978년에 에베레
스트산에 성공적으로 등반했을 때 역사를 만들었다. 그들은
정상으로의 등반이 보충 산소 없이 이루어질 수 있다는 것을
증명한 최초의 사람들이었다.

어휘 successfully 성공적으로 climb 등반하다, 오르다
prove 증명하다 ascent 등반 supplemental 보충의, 추가의

12 일반 조동사 - will [정답 찾는 공식 21] 정답 (b)

단서 Starting tomorrow ~ open

해설 빈칸이 '(열)릴 것이다'라고 해석되어, 내일부터 예정되어
있는 영업시간의 변경에 대해 설명하는 문맥이 되어야 자
연스럽다. 따라서 '~할 것이다'라는 의미의 예정을 나타내
는 조동사 (b) will이 정답이다. 참고로 일반 조동사 will 문
제에는 starting tomorrow와 같은 미래 시간 표현이 자주
등장한다.

해석 문구점은 하계 고객의 유입을 수용하기 위해 그것의 영업시
간을 연장할 계획이다. 내일부터, 한 시간 일찍 문이 열릴 것
이다. 추가적으로, 새로운 폐점 시간은 이제 9시이다.

어휘 stationery 문구류 extend 연장하다
accommodate 수용하다

13 일반 조동사 - should [정답 찾는 공식 20] 정답 (a)

단서 offer

해설 빈칸이 '(제공)하는 것이 좋겠다'라고 해석되어, 기업들이
직원 사기 증진을 위해 할 일에 대해 권고하는 문맥이 되어
야 자연스럽다. 따라서 '~하는 것이 좋겠다'라는 의미의 권
고를 나타내는 조동사 (a) should가 정답이다.

(b) 조동사 must는 법적·제도적인 의무를 나타내므로,
should보다 의무의 성격이 훨씬 강하다. 지문에 유급 육
아휴가가 정부에서 강제하는 제도라는 등의 내용은 없으
므로, should가 더 적합하다. 참고로 지텔프에 일반 조동
사 문제가 고난도로 출제될 때는, 간혹 should와 must의
미세한 의미 차이를 구분해야 할 때도 있다.

해석 여러 연구들은 유급 육아휴가가 직원들이 존중받는다고 느
끼게 만들고 더 긍정적인 태도를 가지도록 만든다는 증거를

찾아내 왔다. 따라서, 기업들은 직원 사기를 향상시키기 위해 이 혜택을 제공하는 것이 좋겠다.

어휘 evidence 증거   parental leave 육아휴가
valued 존중되는, 소중한   positive 긍정적인   attitude 태도
benefit 혜택   improve 향상시키다, 개선하다   morale 사기

---

14 일반 조동사 - may [정답 찾는 공식 22]   정답 (b)

단서 look

해설 빈칸이 '(보)일지도 모른다'라고 해석되어, 일반적으로 사람들이 생각하는 몬테소리 모델 도입의 난이도에 대해 추측하는 문맥이 되어야 자연스럽다. 따라서 '~할지도 모른다'라는 의미의 약한 추측을 나타내는 조동사 (b) may가 정답이다.

해석 몬테소리 기반의 교육에 대한 접근은 고품질의 자료, 많은 독립적인 활동, 그리고 자유 수업 구조를 필요로 한다. 이 모델을 시행하는 것이 간단해 보일지도 모르지만, 강사들은 학생들 주도의 교과과정을 반영하기 위해 그들의 교육 철학을 완전히 바꾸지 않으면 안 된다.

어휘 approach 접근(법)   require 필요로 하다
material 자료, 재료   independent 독립적인
open classroom (토론 및 개인 학습을 중심으로 한) 자유 수업
layout 구조, 배치, 설계   implement 시행하다, 도입하다
instructor 교사, 강사   alter 바꾸다   philosophy 철학
reflect 반영하다

---

15 일반 조동사 - can [정답 찾는 공식 18]   정답 (c)

단서 see

해설 빈칸이 '(볼) 수 있다'라고 해석되어, 매의 시력을 설명하는 문맥이 되어야 자연스럽다. 따라서 '~할 수 있다'라는 의미의 능력을 나타내는 조동사 (c) can이 정답이다.

해석 매는 인간보다 여덟 배 더 좋은 시력을 가진 훌륭한 사냥꾼이다. 그것들은 자외선도 볼 수 있는데, 이것은 새들이 그것들의 먹이에 의해 남겨진 부산물의 자취를 추적하는 데 사용하는 것이다.

어휘 falcon 매   possess 가지다, 소유하다   eyesight 시력
ultraviolet light 자외선   track 추적하다   trail 자취
waste 부산물, 폐기물   prey 먹이

---

16 조동사 should 생략 [정답 찾는 공식 17]   정답 (a)

단서 recommended that he

해설 'recommend that + 주어'(recommended that he)가 있다. 주절에 제안을 나타내는 동사가 있으면 that절에는 '(should +) 동사원형'이 와야 하므로, 동사원형 (a) train이 정답이다.

해석 Eric은 이번 겨울에 런던에서 터프머더 장애물 경주에 참여하기 위해 등록했다. 경주 몇 달 전에 그가 훈련해야 하는 것

이 권고되고, 그렇지 않으면 그는 준비가 되지 않을지도 모른다.

어휘 sign up 등록하다   take part in ~에 참여하다
obstacle 장애물   unprepared 준비가 되지 않은

---

17 일반 조동사 - would [정답 찾는 공식 21]   정답 (c)

단서 believed ~ end

해설 빈칸이 '(끝)날 것이다'라고 해석되어, 과거에 남북전쟁이 곧 끝날 것이라고 예측했다는 문맥이 되어야 자연스럽다. 주절에 과거 동사 believed가 있으므로 that절의 동사 자리에는 '~할 것이다'라는 의미의 예정을 나타내는 조동사 will의 과거형 (c) would가 정답이다.

오답 분석 (d) 조동사 will도 예정을 나타내기는 하지만, 주절에 과거 동사 believed가 있으므로 시제를 일치시키기 위해 과거형을 사용해야 하여 오답이다.

해석 미국 북부의 군인들은 단 90일 동안 싸우기 위해 입대했다. 그 당시에, 사람들은 남부 연합과의 남북전쟁이 곧 끝날 것이라고 믿었다.

어휘 soldier 군인, 병사   northern 북부의, 북쪽의
enlist 입대하다; 입대시키다   Civil War 남북전쟁
the Confederate 남부 연합

---

18 일반 조동사 - will [정답 찾는 공식 21]   정답 (a)

단서 last

해설 빈칸이 '(지속)될 것이다'라고 해석되어, 독점권이 언제까지 지속될 것인지에 대해 설명하는 문맥이 되어야 자연스럽다. 따라서 '~할 것이다'라는 의미의 예정을 나타내는 조동사 (a) will이 정답이다.

해석 2014년에, NBC는 미국에서 올림픽 경기를 방영할 수 있는 독점권에 거의 80억 달러를 지불하는 것에 동의하였다. 이 거래의 현재 체계는 그 합의안이 호주 브리즈번에서 열리는 2032년 경기까지 지속될 것이라고 서술한다.

어휘 agree 동의하다   nearly 거의   exclusive 독점적인
air 방영하다, 방송하다   deal 거래   structure 체계
agreement 합의안   last 지속되다

---

19 일반 조동사 - should [정답 찾는 공식 20]   정답 (b)

단서 stop

해설 빈칸이 '(멈)추는 것이 좋겠다'라고 해석되어, 바깥에서 일하다가 어지러우면 취해야 할 조치에 대해 권고하는 문맥이 되어야 자연스럽다. 따라서 '~하는 것이 좋겠다'라는 의미의 권고를 나타내는 조동사 (b) should가 정답이다.

해석 미국 기상과(NWS)는 중서부 전역의 자세한 폭염 주의보를 발표했다. 이것은 열과 관련된 질병들을 확인하고 방지하도록 의도되었다. 예를 들어, 바깥에서 일하는 중에 어지러워

지는 사람은 증상이 악화되기 전에 멈추는 것이 좋겠다.

어휘 issue 발표하다 detailed 자세한 advisory 기상 주의보, 경보
identify 확인하다, 알아내다 prevent 방지하다
dizzy 어지러운 symptom 증상 worsen 악화되다

20 일반 조동사 – might [정답 찾는 공식 22]　　　정답 (c)

단서 have injured

해설 빈칸이 '(다)쳤을지도 모른다'라고 해석되어 아직 정확한 검사 결과를 모르는 상황에서 증상 및 증상의 원인을 추측하는 문맥이 되어야 자연스럽다. 따라서 have p.p.와 함께 쓰여 '~했을지도 모른다'라는 의미의 과거 사실에 대한 약한 추측을 나타내는 조동사 (c) might가 정답이다.

오답 분석 (a) must는 have p.p.와 함께 쓰일 때 '~했음이 틀림없다'라는 의미의 과거 사실에 대한 강한 추측을 나타내는데, 지문은 디스크를 다쳤는지 확실히 모르는 상황에서 확인하기 위해 엑스레이를 찍는 문맥이므로 추측의 강도가 낮은 might가 더 적합하다.

해석 Jackie는 그녀의 하부 요통에 대해 묻기 위해 병원에 방문했다. 척추지압사는 그녀가 엑스레이를 찍게 했는데, 이는 그녀가 지난주에 가구를 옮기던 중에 디스크 중 하나를 다쳤을지도 모르기 때문이다. Jackie는 정밀 검사 결과가 깨끗하게 나오기를 바라고 있다.

어휘 lower back pain 하부 요통 chiropractor 척추지압사
disc (뼈의) 디스크 scan 정밀 검사

21 일반 조동사 – will [정답 찾는 공식 21]　　　정답 (d)

단서 cherish, keep

해설 빈칸이 '(소중히 여)길 것이다', '(지)킬 것이다'라고 해석되어, 할머니를 잊지 않겠다는 화자의 의지를 설명하는 문맥이 되어야 자연스럽다. 따라서 '~할 것이다'라는 의미의 의지를 나타내는 조동사 (d) will이 정답이다.

해석 나는 할머니의 장례식에 참석하고 나서 막 집에 돌아왔다. 평생, 나는 그녀가 나에게 여태 해 준 조언 하나하나를 소중히 여길 것이고 그녀의 기억을 절대 잊지 않겠다는 나의 약속을 지킬 것이다.

어휘 funeral service 장례식 cherish 소중히 여기다

22 일반 조동사 – can [정답 찾는 공식 18]　　　정답 (a)

단서 choose

해설 빈칸이 '(선택)해도 된다'라고 해석되어, 일시불이 아닌 다른 당첨 금액 지급 방식을 선택하는 것도 허가된다고 설명하는 문맥이 되어야 자연스럽다. 따라서 '~해도 된다'라는 의미의 허가를 나타내는 조동사 (a) can이 정답이다.

해석 복권의 규칙은 주 나름이다. 어떤 곳들에서는, 당첨자가 상금의 일시불을 수령하도록 강제된다. 하지만, 다른 지역들에서, 그들은 연간 지급액을 대신 수령하는 것 또한 선택해도 된다.

어휘 lottery 복권 depend on ~ 나름이다, ~에 달려 있다
force 강제하다 lump sum 일시불 prize money 상금

23 조동사 should 생략 [정답 찾는 공식 17]　　　정답 (b)

단서 proposes that novices

해설 'propose that + 주어'(proposes that novices)가 있다. 주절에 제안을 나타내는 동사가 있으면 that절에는 '(should +) 동사원형'이 와야 하므로, 동사원형 (b) perform이 정답이다.

해석 웨이트 트레이닝은 초심자들에게 위협적일 수 있다. 몇몇 들어 올리는 기술들은 부정확하게 행해지면 심지어 신체를 손상시킬 수도 있다. 내가 다니는 체육관의 관장은 초보자가 맨몸 운동을 먼저 해야 한다고 제안하는데, 이는 그것이 부상의 위험을 낮추기 때문이다.

어휘 intimidating 위협적인, 겁을 주는 beginner 초심자, 초보자
harm 손상시키다 incorrectly 부정확하게 novice 초보자

24 일반 조동사 – should [정답 찾는 공식 20]　　　정답 (b)

단서 bring

해설 빈칸이 '(가져)오는 것이 좋겠다'라고 해석되어, 취업 박람회 참석자들이 가져오도록 권고되는 것을 설명하는 문맥이 되어야 자연스럽다. 따라서 '~하는 것이 좋겠다'라는 의미의 권고를 나타내는 조동사 (b) should가 정답이다.

해석 Coolidge 대학은 이번 주 금요일 오후에 그것의 월간 취업 박람회를 연다. 참석자들은 잠재 고용주들에게 좋은 인상을 주기 위해 전문적으로 옷을 입도록 요구된다. 추가적으로, 완성된 이력서가 있는 사람들은 그것을 가져오는 것이 좋겠다.

어휘 attendee 참석자 professionally 전문적으로
impression 인상 potential 잠재적인 employer 고용주
résumé 이력서

정답 찾는 공식 23

p.80

'빈칸 + 콤마(,)' 앞뒤의 문장이 대조적이면 However를 고른다.

예제 해석 사람들은 Johnson 부부가 그들의 아이들에게 엄격하다고 추측하는데 이는 아이들이 매우 예의 바르기 때문이다. 하지만, 그들에게 혹독한 규칙은 없고 좋은 행동을 위해 신뢰에 의존한다.

어휘 assume 추측하다   strict 엄격한   polite 예의 바른
harsh 혹독한   depend on ~에 의존하다   trust 신뢰
behavior 행동

공식 적용 문제

1	a	2	b						

1

해설 '빈칸 + 콤마(,)' 앞 문장은 지진을 예측하는 방법들이 있다는 일반적인 내용이고 뒤 문장은 예측하는 지표 중 하나인 '작은 미진의 발생'을 구체적으로 소개하는 내용으로, 뒤 문장이 앞 문장에서 말한 내용에 대한 예시를 들고 있다. 따라서 '예를 들어'라는 의미의 예시를 나타내는 접속부사 (a) For example이 정답이다.

해석 과학자들에게는 단기적으로 지진을 예측하는 특정한 방법들이 있다. 예를 들어, 작은 미진이 종종 몇 초 차이로 지진보다 먼저 발생한다.

어휘 predict 예측하다   earthquake 지진
in the short term 단기적으로   minor 작은, 가벼운
tremor 미진, 떨림   precede ~보다 먼저 발생하다, 앞서다
by seconds 몇 초 차이로

2

해설 '빈칸 + 콤마(,)' 앞 문장은 수컷 모기들이 혈액을 필요로 하지 않는다는 내용이고 뒤 문장은 (혈액을 필요로 하지 않기 때문에) 물지도 않는다는 내용으로, 뒤 문장이 앞 문장에서 말한 것의 근거를 제시하여 앞 문장의 내용을 강조하고 있다. 따라서 '실제로'라는 의미의 강조를 나타내는 접속부사 (b) In fact가 정답이다.

해석 암컷 곤충들과는 달리, 더 작은 수컷 모기들은 알을 낳기 위해 혈액 속의 단백질을 필요로 하지 않는다. 실제로, 수컷은 심지어 전혀 물지도 않는다.

어휘 insect 곤충   mosquito 모기   protein 단백질   bite 물다

정답 찾는 공식 24

p.81

부사절과 주절이 인과관계를 가지면 because가 정답이다.

예제 해석 Melissa는 그녀의 제일 좋아하는 작가인 Jill Walsh의 사인을 받기 위해 Silver Pages 서점에 갔다. 줄이 너무 길었기 때문에, 그녀는 두 시간 동안 기다려야 했다.

어휘 signature 사인, 서명   author 작가

공식 적용 문제

1	c	2	a						

1

해설 부사절과 주절이 양보의 관계를 가져, 어떤 사람들은 여정이 위험한 것을 감수하고라도 사막 횡단을 시도한다는 의미가 되어야 자연스럽다. 따라서 '비록 ~일지라도'라는 의미의 양보를 나타내는 접속사 (c) Although가 정답이다.

해석 사하라 사막을 횡단하는 것은 육체적으로 고된 도전이다. 비록 그 여정이 위험할지라도, 천 명의 사람들이 매년 세계에서 가장 큰 이 사막을 횡단하려고 시도한다.

어휘 cross 횡단하다   desert 사막   physically 육체적으로
demanding 고된   challenge 도전   journey 여정
attempt 시도하다   traverse 횡단하다

2

해설 부사구와 주절이 양보의 관계를 가져, 참가자 수가 적을 것으로 예상되는 것을 감수하고라도 자재 대여 비용을 고려해 행사를 진행한다는 의미가 되어야 자연스럽다. 따라서 '~에도 불구하고'라는 의미의 양보를 나타내는 전치사 (a) despite가 정답이다.

오답 분석 (b) because of는 '~ 때문에', (c) aside from은 '~뿐만 아니라', (d) in addition to는 '~에 더해'라는 의미로 문맥에 적합하지 않아 오답이다.

해석 식비와 텐트 및 탁자의 대여 비용은 환불이 불가능하다. 그래서, 우리는 예상되는 적은 참가자 수에도 불구하고 회사 바비큐 파티를 취소하지 않기로 결정했다.

어휘 expense 비용   rental 대여
non-refundable 환불이 불가능한   turnout 참가자 수

01	d	02	c	03	d	04	a	05	c	06	b
07	c	08	b	09	a	10	d	11	d	12	b

01 접속사 [정답 찾는 공식 24] 정답 (d)

[해설] 부사절과 주절이 대조의 관계를 가진다. 부사절은 작업물의 질이 좋다는 긍정적인 내용이고, 주절은 작업물이 마감 기한 이후에 제출되었다는 부정적인 내용이다. 따라서 '비록 ~이지만'이라는 의미의 대조를 나타내는 접속사 (d) While이 정답이다.

[오답분석] (a) As는 '~이기 때문에', (b) Provided that은 '~을 조건으로', (c) As long as는 '~하는 한'이라는 의미로 문맥에 적합하지 않아 오답이다.

[해석] Mr. Simpson의 두 손에는 딜레마가 있다. 그는 어떻게 그의 학생들의 학기 말 리포트들 중 한 개의 성적을 매겨야 할지 모른다. 비록 작업물의 질은 좋지만, 그것은 마감 기한 이후에 제출되었다.

[어휘] dilemma (양자택일의) 딜레마, 진퇴양난
grade 성적을 매기다 term paper 학기 말 리포트
submit 제출하다

02 접속사 [정답 찾는 공식 24] 정답 (c)

[해설] 주절은 보조금을 제공한다는 내용이고, 부사절은 보조금 제공의 목적(환경적인 관행들을 더 채택하도록 장려되게 하기 위함)을 나타낸다. 따라서 '~하도록'이라는 의미의 목적을 나타내는 접속사 (c) so that이 정답이다. 참고로 so that이 이끄는 부사절에는 조동사 can/could가 함께 자주 쓰인다.

[오답분석] (a) but은 '그러나', (b) whatever는 '어떤 ~이든', (d) until은 '~할 때까지'라는 의미로 문맥에 적합하지 않아 오답이다.

[해석] 캐나다의 공기 질은 부분적으로 연방정부 보조금 덕분에 세계에서 가장 덜 오염되어 있다. 앨버타주의 정부는 기업체들에 보조금을 제공하여 그들이 더 많은 환경적으로 지속 가능한 관행들을 채택하게 장려될 수 있도록 한다.

[어휘] polluted 오염된 federal grant 연방정부 보조금
subsidy 보조금 incentivize (인센티브를 주어) 장려하다
environmentally 환경적으로 sustainable 지속 가능한
practice 관행

03 접속부사 [정답 찾는 공식 23] 정답 (d)

[해설] '빈칸 + 콤마(,)' 앞 문장은 영하의 날씨가 예보되었다는 내용이고 뒤 문장은 날씨를 감수하고라도 나타난 팬들이 경기장의 좌석들을 채웠다는 내용이다. 따라서 '그럼

에도 불구하고'라는 의미의 양보를 나타내는 접속부사 (d) Nevertheless가 정답이다.

[오답분석] (a) Unsurprisingly는 '놀랍지 않게도', (b) In short는 '요컨대', (c) Namely는 '즉'이라는 의미로 문맥에 적합하지 않아 오답이다.

[해석] 일기예보는 Fresno Wildcats와 Wisconsin Buffaloes 사이의 축구 경기 전에 영하의 날씨를 예보했다. 그럼에도 불구하고, 경기장의 모든 좌석들이 찼다. 나온 팬들은 흥분되는 경기를 즐겼다.

[어휘] forecast (일기의) 예보, 예측 call for (날씨를) 예보하다
freezing 영하의, 너무나 추운 temperature 기온, 온도
fill 채우다 show up 나오다, 나타나다
thrilling 흥분되는, 아주 신나는

04 접속부사 [정답 찾는 공식 23] 정답 (a)

[해설] '빈칸 + 콤마(,)' 앞 문장은 주식을, 뒤 문장은 채권의 개념을 제시하며 서로 다른 두 종류의 유가증권을 설명하고 있다. 따라서 '반면에'라는 의미의 대조를 나타내는 접속부사 (a) On the other hand가 정답이다.

[오답분석] (b) In the first place는 '우선', (c) Indeed는 '사실', (d) More often than not은 '대개'라는 의미로 문맥에 적합하지 않아 오답이다.

[해석] 주식은 한 기업에서의 소유권의 공유를 나타낸다. 반면에, 채권은 개인이 사업체나 정부에 하는 대출로 생각될 수 있다. 투자 포트폴리오에 두 종류의 유가증권을 모두 가지면 경제적 불안정성으로부터 보호할 수 있다.

[어휘] stock 주식 represent 나타내다, 해당하다
ownership 소유권 bond 채권 loan 대출
security 유가 증권, 담보 investment 투자
protect against ~으로부터 보호하다 instability 불안정성

05 접속사 [정답 찾는 공식 24] 정답 (c)

[해설] 부사절이 시간을, 주절이 해당 시간에 할 일을 나타내어, 집을 나설 때마다 우산을 챙긴다고 말하는 문맥이 되어야 자연스럽다. 따라서 '~할 때마다'라는 의미의 시간을 나타내는 접속사 (c) whenever가 정답이다.

[오답분석] (a) as soon as는 '~하자마자 곧', (b) no matter how는 '아무리 ~하더라도', (d) ever since는 '~한 이래로 줄곧'이라는 의미로 문맥에 적합하지 않아 오답이다.

[해석] 우기의 초반에, Kelley는 바깥에서 갑작스러운 폭풍우를 만났다. 그녀는 준비가 안 되어 있었고 흠뻑 젖었다. 나머지 기간 동안, 그녀가 집을 나설 때마다 그녀는 우산을 챙기는 것을 확실히 했다.

[어휘] wet season 우기 sudden 갑작스러운
rainstorm 폭풍우, 호우 soak 적시다; 젖다

06 접속부사 [정답 찾는 공식 23] 정답 (b)

해설 '빈칸 + 콤마(,)' 앞 문장은 항소가 기각되었다는 내용이고 뒤 문장은 처분 판정을 기다려야 한다는 내용으로, 뒤 문장이 앞 문장에서 말한 것의 결과로 일어날 일을 부연 설명하며 앞 문장의 의미를 강조하고 있다. 따라서 '다시 말해서'라는 의미의 강조/부연을 나타내는 접속부사 (b) In other words가 정답이다.

오답 분석 (a) On the contrary는 '대조적으로', (c) For example은 '예를 들어', (d) Even so는 '그렇기는 하지만'이라는 의미로 문맥에 적합하지 않아 오답이다.

해석 배심원단의 유죄 평결에 항소하려는 변호사의 움직임은 판사에 의해 기각되었다. 다시 말해서, 피고는 곧 그의 처분 판정을 받는 것을 예상하는 것이 좋겠다.

어휘 motion 움직임, 발의 appeal 항소하다, 호소하다
guilty verdict 유죄 평결 jury 배심원단
dismiss 기각하다, 묵살하다 judge 판사 defendant 피고
sentencing 처분 판정

07 접속부사 [정답 찾는 공식 23] 정답 (c)

해설 첫 번째 문장에서 '차를 구입하지 않는다'라는 결론을 제시한 뒤, 두 번째 문장과 세 번째 문장에서 그 이유를 제시하고 있는 지문이다. '빈칸 + 콤마(,)' 앞 문장은 매월 차 할부금을 내는 것이 경제적으로 힘들 것이라는 첫 번째 이유에 대한 내용이고, 뒤 문장은 주차 비용을 내는 것 또한 힘들 것이라는 추가적인 이유에 대한 내용이다. 따라서 '더욱이'라는 의미의 첨언을 나타내는 접속부사 (c) Moreover가 정답이다.

오답 분석 (a) In the meantime은 '그동안에', (b) At last는 '마침내', (d) As a matter of fact는 '사실상'이라는 의미로 문맥에 적합하지 않아 오답이다.

해석 Crystal은 결국 경제적인 이유 때문에 차를 구입하지 않기로 결정했다. 매월 할부금을 내는 것은 그녀에게 힘들 것이다. 더욱이, 그녀의 아파트 주차 공간을 확보하기 위해 그녀는 추가 비용을 지불해야 할 것이다.

어휘 ultimately 결국, 궁극적으로 purchase 구입하다
challenging 힘든

08 전치사 [정답 찾는 공식 24] 정답 (b)

해설 부사구가 원인, 주절이 결과를 나타내어 부상의 후유증이 원인이 되어 결과적으로 결승전의 자격을 얻지 못했다는 의미가 되어야 자연스럽다. 따라서 '~ 때문에'라는 의미의 원인을 나타내는 전치사 (b) because of가 정답이다.

오답 분석 (a) in spite of는 '~에도 불구하고', (c) other than은 '~ 외에', (d) instead of는 '~ 대신에'라는 의미로 문맥에 적합하지 않아 오답이다.

해석 심지어 다친 햄스트링을 가지고도, 17살의 우사인 볼트는 자

메이카에 의해 2004년 올림픽에서 국가를 대표하도록 선정되었다. 그러나 다리 부상의 계속 남아있는 영향 때문에 그는 결승전의 자격은 얻지 못했다.

어휘 represent 대표하다 qualify for ~의 자격을 얻다
lingering 계속 남아있는

09 접속사 [정답 찾는 공식 24] 정답 (a)

해설 부사절과 주절이 양보의 관계를 가져, 사치품을 살 여유가 되는데도 불편을 감수하고 겸손한 생활 방식을 유지한다는 의미가 되어야 자연스럽다. 따라서 '비록 ~일지라도'라는 의미의 양보를 나타내는 접속사 (a) Although가 정답이다.

오답 분석 (b) If는 '만약 ~한다면', (c) Because는 '~이기 때문에', (d) Once는 '일단 ~하면'이라는 의미로 문맥에 적합하지 않아 오답이다.

해석 배우 키아누 리브스는 3억 5천만 달러가 넘는 순자산을 축적해 왔다. 비록 그가 많은 생활의 사치품들을 쉽게 살 여유가 될지라도, 그는 겸손한 생활 방식을 유지한다. 그는 여전히 기사에 의해 차로 모셔지는 것보다 지하철을 타는 것을 선호한다.

어휘 amass 축적하다 net worth 순자산
afford ~을 살 여유가 되다 luxury 사치품 humble 겸손한
chauffeur 기사

10 접속부사 [정답 찾는 공식 23] 정답 (d)

해설 '빈칸 + 콤마(,)' 앞 문장은 자격 인증서를 획득하도록 강하게 권고된다는 내용이고, 뒤 문장은 자격 인증서라는 조건을 획득하지 않는 경우에 결과적으로 주어지는 불이익(합법적으로 일할 수 없음)을 설명하는 내용이다. 따라서 '그렇지 않으면'이라는 의미의 조건을 나타내는 접속부사 (d) Otherwise가 정답이다.

오답 분석 (a) Afterwards는 '나중에', (b) Instead는 '대신에', (c) In truth는 '사실은'이라는 의미로 문맥에 적합하지 않아 오답이다.

해석 미국 용접 협회 증명 과정은 필기시험과 그다음의 실기 시험을 통과하는 것을 포함한다. 직업인들은 이 자격 인증서를 획득해야 할 것이 강하게 권고된다. 그렇지 않으면, 그들은 몇몇 주들에서 합법적으로 일할 수 없을 것이다.

어휘 welding 용접 certification 증명(서)
professional 직업인, 전문직 종사자
credential 자격 인증서, 증명서 legally 합법적으로

11 접속부사 [정답 찾는 공식 23] 정답 (d)

해설 '빈칸 + 콤마(,)' 앞 문장은 Michael이 Robert를 별로 원하지 않으면서도 그를 낚시 여행에 초대할 것이라는 내용이고, 뒤 문장은 그 이유가 Robert가 배를 소유하고 있기 때문이라고 설명하는 내용이다. 따라서 '어쨌든'이라는 의미

의 이유를 나타내는 접속부사 (d) After all이 정답이다.

[오답 분석] (a) Likewise는 '마찬가지로', (b) All in all은 '대체로', (c) By contrast는 '대조적으로'라는 의미로 문맥에 적합하지 않아 오답이다.

[해석] Michael은 다가오는 주말에 앞바다로의 낚시 여행을 계획하고 있다. 그는 그의 형제 Robert가 함께 가는 것을 원하지 않지만, 그래도 그를 초대할 것이다. 어쨌든, 그의 형제가 그가 아는 배를 소유한 유일한 사람이다.

[어휘] offshore 앞바다의, 연안의   come along 함께 가다

12 접속사 [정답 찾는 공식 24]   정답 (b)

[해설] 부사절과 주절이 조건과 결과의 관계를 가져, 완벽에 가까운 출석을 하지 않으면(조건) 합격점을 받지 못한다(결과)는 의미가 되어야 자연스럽다. 따라서 '~하지 않는다면'이라는 의미의 조건을 나타내는 접속사 (b) unless가 정답이다.

[오답 분석] (a) as far as는 '~하는 한', (c) whereas는 '~하는 반면', (d) whether는 '~인지 아닌지'라는 의미로 문맥에 적합하지 않아 오답이다.

[해석] Renault 교수는 엄한 출석 정책을 가지고 있다. 그는 학기당 오직 두 번의 양해받은 결석만을 허용한다. 이것은 시험이나 과제에서의 아주 좋은 점수로도, 학생들이 완벽에 가까운 출석을 하지 않는다면 합격점을 받지 못할 것임을 의미한다.

[어휘] tough 엄한, 냉정한   attendance 출석   policy 정책   excuse 양해를 구하다, 변명하다   absence 결석   score 점수

Chapter 6 관계사

정답 찾는 공식 25
_{p.86}

사물 선행사 뒤에 콤마(,)가 있으면 which를 고른다.

[예제해석] 폴더형 스마트폰은 전통적인 기기에 비해 더 높은 가격에 판매된다. 이것은 접을 수 있는 휴대폰의 부품들이, <u>그것은 복잡한 경첩 이음매를 포함하는데</u>, 생산하기에 더 비싸기 때문이다.

[어휘] traditional 전통적인 device 기기 foldable 접을 수 있는 produce 생산하다 complex 복잡한 hinge 경첩(뚜껑을 닫아 여닫을 수 있게 해 주는 것) joint 이음매

공식 적용 문제

1	c	2	d					

1

[단서] The competition,

[해설] 사물 선행사 The competition 뒤에 콤마(,)가 있다. 따라서 빈칸에는 사물 선행사를 꾸며주면서 콤마(,) 뒤에 올 수 있는 관계대명사 which를 써야 하므로, (c) which begins this Friday가 정답이다. 참고로 which는 관계절 내에서 동사 begins의 주어가 되는 주격 관계대명사이다.

[오답분석] (b) that도 사물 선행사를 꾸며주는 주격 관계대명사의 역할을 하지만, 콤마(,) 뒤에 올 수 없으므로 오답이다.

[해석] Alabama Aardvarks는 전국 피구 초청 경기에서 이길 가능성이 매우 높다고 생각된다. 그 경기는, <u>그것은 이번 주 금요일에 시작되는데</u>, 국내 최고의 16개 팀을 포함할 것이다.

[어휘] favor ~가 이길 가능성이 매우 높다고 생각하다 invitational 초청의 dodgeball 피구 feature 포함하다, 특징으로 하다

2

[단서] the apartment,

[해설] 사물 선행사 the apartment 뒤에 콤마(,)가 있다. 따라서 빈칸에는 사물 선행사를 꾸며주면서 콤마(,) 뒤에 올 수 있는 관계대명사 which를 써야 하므로 (d) which he had cleaned that morning이 정답이다. 참고로 which는 관계절 내에서 동사 cleaned의 목적어가 되는 목적격 관계대명사이다.

[오답분석] (b) that도 사물 선행사를 꾸며주는 목적격 관계대명사의 역할을 하지만, 콤마(,) 뒤에 올 수 없으므로 오답이다.

[해석] Brian은 주말 동안 예기치 않게 그의 인척들의 방문을 받았다. 그들은 아파트의, <u>그것은 그가 그날 아침에 청소한 것이었는데</u>, 상태를 칭찬했고 떠나기 전에 몇몇 식료품들을 내려주고 갔다.

[어휘] unexpectedly 예기치 않게, 갑자기 in-law 인척, 시부모 compliment 칭찬하다 condition 상태 grocery 식료품

정답 찾는 공식 26
_{p.87}

사물 선행사 뒤에 콤마(,)가 없으면 that이 온다.

[예제해석] 동네의 연례 과학 박람회의 수상자가 발표되었다. <u>1등 상을 받은</u> 기획은 식물들이 어떻게 충분한 양의 햇살이 결여된 환경에 적응하는지를 증명했다.

[어휘] prize winner 수상자 demonstrate 증명하다 adapt to ~에 적응하다 devoid of ~이 결여된, 없는 sufficient 충분한

공식 적용 문제

1	b	2	c					

1

[단서] Many homes

[해설] 사물 선행사 Many homes 뒤에 콤마(,)가 없다. 따라서 사물 선행사를 꾸며주면서 관계절 내에서 동사 feature의 주어가 될 수 있는 주격 관계대명사가 필요하므로, (b) that feature this style이 정답이다.

[오답분석] (d) 관계대명사 which가 주어 역할을 할 때는 관계절이 'which + 동사 ~'의 어순이면서 주어가 없어야 하는데, 관계절 내에 주어 they가 있으므로 오답이다.

[해석] Cindy는 빅토리아풍 건축 양식을 매우 좋아한다. <u>이 양식을 포함하는</u> 많은 집들은 샌프란시스코 도처에서 두드러져서, 그 도시의 건물들은 그녀에게 강한 인상을 주었다.

[어휘] architecture 건축 양식 prominent 두드러진 impression 인상

2

[단서] the midterm exams

[해설] 사물 선행사 the midterm exams 뒤에 콤마(,)가 없다. 따라서 사물 선행사를 꾸며주면서 관계절 내에서 동사 failed의 목적어가 될 수 있는 목적격 관계대명사가 필요하므로, (c) that she just failed가 정답이다.

(a) 관계대명사 which가 목적어 역할을 할 때는 관계절이 'which + 주어 + 동사 ~'의 어순이면서 목적어가 없어야 하는데, 관계절 내에 목적어 it이 있으므로 오답이다.

Mandy는 그녀의 좋지 않은 성적을 만회하기 위해 여름 계절 학기에 등록해야 할지도 모른다. 그녀가 막 낙제한 중간고사가 그녀의 전체 성적을 더 낮출 것이므로 이것은 불가피해 보인다.

enroll in ~에 등록하다   make up for ~을 만회하다
inevitable 불가피한   further 더, 더 멀리로   lower 낮추다

정답 찾는 공식 27

p.88

사람 선행사가 있으면 who가 정답이다.

컴퓨터 마우스는 다른, 훨씬 더 긴 이름으로 통하곤 했다. 첫 번째 마우스를 발명한 남자는 그것을 디스플레이 시스템을 위한 X-Y 위치 지표라고 불렀다.

used to ~하곤 했다   go by ~으로 통하다
indicator 지표, 장치

공식 적용 문제

1	a	2	c					

1

teammates

사람 선행사 teammates가 있다. 따라서 사람 선행사를 꾸며주면서 관계절 내에서 동사 care의 주어가 될 수 있는 주격 관계대명사가 필요하므로, (a) who care about winning이 정답이다.

(b) 관계대명사 that이 사람 선행사를 꾸며주면서 주어 역할을 할 때는 관계절이 'that + 동사 ~'의 어순이면서 주어가 없어야 하는데, 관계절 내에 주어 they가 있으므로 오답이다.

Felix는 다른 야구 선수단으로 이적하기로 결심했다. 그는 그가 하는 것만큼 경기에서 이기는 것에 대해 신경 쓰는 팀원들과 함께 경기하고 싶어 한다.

make up one's mind 결심하다   transfer 이적하다, 이동하다
squad 선수단   aspire 열망하다   alongside ~와 함께
care about ~에 대해 신경 쓰다

2

Ralph

사람 선행사 Ralph가 있다. 따라서 사람 선행사를 꾸며주면서 관계절 내에서 동사 haven't seen의 목적어가 될 수 있는 목적격 관계대명사가 필요하므로, (c) whom I

---

haven't seen in nearly a decade가 정답이다.

(d) 관계대명사 who가 사람 선행사를 꾸며주면서 목적어 역할을 할 때는 관계절이 'who + 주어 + 동사 ~'의 어순이면서 목적어가 없어야 하는데, 관계절 내에 목적어 him이 있으므로 오답이다.

나는 그렇게나 많은 친구들이 나의 특별한 날을 축하하기 위해 내 결혼식에 참석했다는 것에 고마웠다. 특히 나의 오랜 대학 룸메이트인 Ralph를 본 것이 좋았는데, 나는 그를 거의 10년간 보지 못했다.

grateful 고마워하는, 감사하는   attend 참석하다
celebrate 축하하다   decade 10년

정답 찾는 공식 28

p.89

시간 선행사가 있으면 when, 장소 선행사가 있으면 where 가 정답이다.

Lindsey는 도시의 외곽 지역에서 몇몇 주택을 임대함으로써 생계를 꾸린다. 그녀는 부동산을 취득하는 것을 2010년에 시작했는데, 그때 그녀는 작은 아파트를 샀다.

earn a living 생계를 꾸리다   rent out ~을 임대하다
residential property 주택   uptown 시 외곽의
acquire 취득하다   real estate 부동산   condo 아파트

공식 적용 문제

1	a	2	c					

1

the year

시간 선행사 the year가 있고 보기의 관계절 내에 주어(she)와 동사(was born)가 모두 갖추어진 완전한 문장이 있다. 따라서 시간을 나타내는 관계부사 when이 필요하므로, (a) when she was born이 정답이다.

Cassie의 부모님은 그녀의 생일 선물로 1994년산 와인 한 병을 주었다. 카드에, 그들은 그녀가 태어난 해를 어떻게 특별한 방식으로 기념하고 싶었는지를 설명했다.

commemorate 기념하다

2

the downtown location

장소 선행사 the downtown location이 있고 보기의 관계절 내에 주어(several subway lines)와 동사(converge)가 모두 갖추어진 완전한 문장이 있다. 따라서 장소를 나타내는 관계부사 where가 필요하므로, (c) where several subway lines converge가 정답이다.

오답 분석 (d) several subway lines가 the downtown location에 속하는 소유의 개념이 아니기 때문에 오답이다.

해석 Coleman International은 새 도심지 본사가 생겼다. 직원들은 여러 지하철 노선이 모여드는 시내 위치로의 더욱 편리한 통근 때문에 아주 기뻐하고 있다.

어휘 headquarter 본사, 본부   delighted 아주 기뻐하는
convenient 편리한   commute 통근 (거리)
converge 모여들다; 만나다

지텔프 만점 Test

01	a	02	a	03	b	04	c	05	d	06	a
07	c	08	d	09	b	10	a	11	d	12	c

01 관계대명사 which [정답 찾는 공식 25]　　　정답 (a)

단서 The piece,

해설 사물 선행사 The piece 뒤에 콤마(,)가 있다. 따라서 빈칸에는 사물 선행사를 꾸며주면서 콤마(,) 뒤에 올 수 있는 관계대명사 which를 써야 하므로, (a) which was extensively restored가 정답이다. 참고로 which는 관계절 내에서 동사 was ~ restored의 주어가 되는 주격 관계대명사이다.

오답 분석 (d) that도 사물 선행사를 꾸며주는 주격 관계대명사의 역할을 하지만, 콤마(,) 뒤에 올 수 없으므로 오답이다.

해석 세계에서 가장 가치가 큰 그림은 레오나르도 다빈치의「살바토르 문디」이다. 이 작품은, 그것은 광범위하게 복원되었는데, 2017년에 4억 5천만 달러에 팔렸고, 이는 한 미술 작품에 대한 역대 기록된 것 중 가장 높은 가격이었다.

어휘 valuable 가치가 큰, 귀중한   piece 작품, 한 점
extensively 광범위하게   restore 복원하다

02 관계대명사 who [정답 찾는 공식 27]　　　정답 (a)

단서 His neighbor,

해설 사람 선행사 His neighbor가 있다. 따라서 사람 선행사를 꾸며주면서 관계절 내에서 동사 grows의 주어가 될 수 있는 주격 관계대명사가 필요하므로, (a) who grows her own produce가 정답이다.

오답 분석 (d) that도 사람 선행사를 꾸며주는 주격 관계대명사의 역할을 하지만, 콤마(,) 뒤에 올 수 없으므로 오답이다.

해석 Dylan은 깨끗한 공기, 고요함, 그리고 강한 지역사회 유대감 때문에 교외에 사는 것을 매우 좋아한다. 그의 이웃은, 그녀는 자신의 농작물을 기르는데, 심지어 그에게 가끔씩 신선한 허브나 채소를 가져다준다.

어휘 suburb 교외   quiet 고요함   produce 농작물, 생산품

03 관계대명사 whom [정답 찾는 공식 27]　　　정답 (b)

단서 students

해설 사람 선행사 students가 있다. 따라서 사람 선행사를 꾸며주면서 관계절 내에서 동사 believe의 목적어가 될 수 있는 목적격 관계대명사가 필요하므로, (b) whom the teachers believe to be the most responsible이 정답이다.

오답분석 (a) 관계대명사 who가 사람 선행사를 꾸며주면서 목적어 역할을 할 때는 관계절이 'who + 주어 + 동사 ~'의 어순이면서 목적어가 없어야 하는데, 관계절 내에 목적어 him이 있으므로 오답이다.

해석 Leafy Green 초등학교의 이번 학년도 학생 선거는 취소될 것이다. 대신에, 선생님들이 가장 책임감 있는 사람으로 믿는 자격이 있는 학생들은 그들 각각의 학급에서 반장으로 선정될 것이다.

어휘 election 선거　cancel 취소하다　eligible 자격이 있는, 적격인　respective 각각의

04 관계대명사 that [정답 찾는 공식 26]　　정답 (c)

단서 a movie

해설 사물 선행사 a movie 뒤에 콤마(,)가 없다. 따라서 사물 선행사를 꾸며주면서 관계절 내에서 동사 have ~ seen의 목적어가 될 수 있는 목적격 관계대명사가 필요하므로, (c) that I've already seen이 정답이다.

오답분석 (a) 관계대명사 which가 목적어 역할을 할 때는 관계절이 'which + 주어 + 동사 ~'의 어순이면서 목적어가 없어야 하는데, 관계절 내에 목적어 it이 있으므로 오답이다.

해석 어떤 사람들은 같은 영화를 여러 번 보는 것을 즐기고, 그것을 볼 때마다 그들이 매번 다른 감정을 경험한다고 말한다. 하지만, 나는 내가 이미 봤던 영화에는 집중할 수 없다.

어휘 concentrate on ~에 집중하다

05 관계대명사 who [정답 찾는 공식 27]　　정답 (d)

단서 the person

해설 사람 선행사 the person이 있다. 따라서 사람 선행사를 꾸며주면서 관계절 내에서 동사 consumed의 주어가 될 수 있는 주격 관계대명사가 필요하므로, (d) who consumed her precious dessert가 정답이다.

오답분석 (b) 관계대명사 that이 사람 선행사를 꾸며주면서 주어 역할을 할 때는 관계절이 'that + 동사 ~'의 어순이면서 주어가 없어야 하는데, 관계절 내에 주어 she가 있으므로 오답이다.

해석 Megan은 그녀의 룸메이트들 중 한 명이 그녀가 냉장고에 저장해 두었던 치즈 케이크 한 조각을 먹었다는 것에 화가 난다. 그녀는 일단 누가 그랬는지 찾아내기만 하면, 그녀의 소중한 디저트를 먹은 사람이 그녀에게 새것을 사 주도록 만들 것이라고 결심한다.

어휘 slice 조각, 몫　refrigerator 냉장고　be determined to ~하기로 결심하다　consume 먹다, 섭취하다　precious 소중한

06 관계대명사 whose [정답 찾는 공식 28]　　정답 (a)

단서 cities

해설 '~의 운송 체계'라고 해석되는 것이 자연스러우므로, 사물 선행사 cities를 꾸며주면서 관계절 내에서 cities의 소유를 나타낼 수 있는 소유격 관계대명사가 필요하다. 따라서 (a) whose transit systems count on the platform이 정답이다.

해석 Swiftly는 대중교통의 속도와 신뢰성을 향상시키는 소프트웨어이다. 그것은 매일 수백만의 운전자들에게 정확한 승객 정보를 전달하기 위해 그것의 운송 체계가 그 플랫폼에 의존하는 50개가 넘는 미국의 도시들에서 사용된다.

어휘 improve 향상시키다, 개선하다　reliability 신뢰성　public transportation 대중교통　employ 사용하다　deliver 전달하다, 배달하다　accurate 정확한　passenger 승객　transit 운송　count on ~에 의존하다

07 관계대명사 which [정답 찾는 공식 25]　　정답 (c)

단서 selfie drone,

해설 사물 선행사 selfie drone 뒤에 콤마(,)가 있다. 따라서 빈칸에는 사물 선행사를 꾸며주면서 콤마(,) 뒤에 올 수 있는 관계대명사 which를 써야 하므로, (c) which was released four months ago가 정답이다. 참고로 which는 관계절 내에서 동사 was released의 주어가 되는 주격 관계대명사이다.

오답분석 (a) that도 사물 선행사를 꾸며주는 주격 관계대명사의 역할을 하지만, 콤마(,) 뒤에 올 수 없으므로 오답이다.

해석 Snap 주식회사는 카메라와 소셜 미디어 회사이다. 그것의 메시지 전송 애플리케이션이 믿을 수 없을 정도로 인기 있지만, Snap 주식회사는 실물 제품으로는 성공을 맛보지 못했다. 회사는 그것의 셀피 드론, 이것은 4개월 전에 출시되었는데, 그것의 생산을 좋지 않은 거시경제 상황 때문에 중단하고 있다.

어휘 Inc. 주식회사(Incorporated의 준말)　incredibly 믿을 수 없을 정도로　physical 실제의, 눈에 보이는　cease 중단하다　macroeconomic 거시경제의　release 출시하다

08 관계대명사 who [정답 찾는 공식 27]　　정답 (d)

단서 those

해설 사람 선행사 those가 있다. 따라서 사람 선행사를 꾸며주면서 관계절 내에서 동사 worked의 주어가 될 수 있는 주격 관계대명사가 필요하므로, (d) who regularly worked overtime이 정답이다.

오답분석 (b) 관계대명사 that이 사람 선행사를 꾸며주면서 주어 역할을 할 때는 관계절이 'that + 동사 ~'의 어순이면서 주어가 없어야 하는데, 관계절 내에 주어 they가 있으므로 오답이다.

해석 상근 기준인 주당 40시간 이상을 일하는 것은 기업을 결국에는 방해한다. 한 연구에서, 정기적으로 <u>초과근무를 했던</u> 이들은 25퍼센트의 생산성 하락을 겪었다.

어휘 employment 근무, 고용 hinder 방해하다, 저해하다
in the long run 결국에는 suffer 겪다, 시달리다
drop 하락 productivity 생산성 regularly 정기적으로
work overtime 초과근무를 하다

09 관계부사 where [정답 찾는 공식 28]　　　정답 (b)

단서 the gym

해설 장소 선행사 the gym이 있고 보기의 관계절 내에 주어(the volleyball team)와 동사(practices)가 모두 갖추어진 완전한 문장이 있다. 따라서 빈칸에는 장소를 나타내는 관계부사 where가 필요하므로, (b) where the volleyball team practices가 정답이다.

해석 Bradbury 고등학교의 교장은 강당에서 회합을 열었다. 그는 <u>배구팀이 연습하는</u> 체육관이 허물어지고 학교의 증가하는 등록자 수를 수용하기 위해 추가적인 교실로 재건축될 것이라고 발표했다.

어휘 principal 교장 assembly 회합, 집회 auditorium 강당
tear down 허물다, 무너뜨리다, 부수다 rebuild 재건축하다
accommodate 수용하다 enrollment 등록자 수, 등록

10 관계대명사 which [정답 찾는 공식 25]　　　정답 (a)

단서 titles ~ ,

해설 사물 선행사 titles 뒤에 콤마(,)가 있다. 따라서 빈칸에는 사물 선행사를 꾸며주면서 콤마(,) 뒤에 올 수 있는 관계대명사 which를 써야 하므로, (a) which was an all-time record at the time이 정답이다. 참고로 which는 관계절 내에서 동사 was의 주어가 되는 주격 관계대명사이다.

오답분석 (c) that도 사물 선행사를 꾸며주는 주격 관계대명사의 역할을 하지만, 콤마(,) 뒤에 올 수 없으므로 오답이다.

해석 피트 샘프러스는 역사상 가장 성공적인 미국 테니스 선수들 중 한 명이다. 14년의 경력 이후에, 그는 2002년에 그의 이름에 딸린 14개의 주요 타이틀을 가지고 은퇴했는데, <u>그것은 당시에 사상 최고 기록이었으며</u>, 또한 4천만 달러가 넘는 상금 소득을 가지고 은퇴했다.

어휘 retire 은퇴하다 title 타이틀, 선수권 prize money 상금
earning 소득, 수익 all-time record 사상 최고 기록

11 관계대명사 which [정답 찾는 공식 25]　　　정답 (d)

단서 classes,

해설 사물 선행사 classes 뒤에 콤마(,)가 있다. 따라서 빈칸에는 사물 선행사를 꾸며주면서 콤마(,) 뒤에 올 수 있는 관계대명사 which를 써야 하므로, (d) which are required for graduation이 정답이다. 참고로 which는 관계절 내

에서 동사 are required의 주어가 되는 주격 관계대명사이다.

오답분석 (a) that도 사물 선행사를 꾸며주는 주격 관계대명사의 역할을 하지만, 콤마(,) 뒤에 올 수 없으므로 오답이다.

해석 Tronico 기술 대학은 그것의 수업 등록 체계를 업데이트할 것이다. 지난 학기에, 많은 학생들은 핵심 과정의 수업들이, <u>그것들은 졸업을 위해 요구되는데</u>, 시스템이 계속 고장 났기 때문에 거의 등록하기에 불가능했다고 항의했다.

어휘 registration 등록 complain 항의하다 core 핵심 과정의
sign up for ~에 등록하다 crash 고장 나다
require 요구하다 graduation 졸업

12 관계대명사 that [정답 찾는 공식 26]　　　정답 (c)

단서 his contributions

해설 사물 선행사 his contributions 뒤에 콤마(,)가 없다. 따라서 사물 선행사를 꾸며주면서 관계절 내에서 동사 formed의 주어가 될 수 있는 주격 관계대명사가 필요하므로, (c) that formed the concept of algorithms가 정답이다.

오답분석 (a) 관계대명사 which가 주어 역할을 할 때는 관계절이 'which + 동사 ~'의 어순이면서 주어가 없어야 하는데, 관계절 내에 목적어 he가 있으므로 오답이다.

해석 제2차 세계대전 중에 암호 해독가였던 것에 더해, 앨런 튜링은 현대 컴퓨터 공학의 아버지로도 여겨진다. 사실, <u>알고리즘의 개념을 형성한</u> 그의 기여는 오늘날에도 여전히 쓰인다.

어휘 codebreaker 암호 해독가 contribution 기여

01	a	02	d	03	c	04	b	05	d	06	a
07	b	08	a	09	c	10	d	11	b	12	d
13	a	14	c	15	a	16	a	17	b	18	d
19	c	20	b	21	c	22	c	23	a	24	b
25	c	26	d								

01 가정법 과거완료 [정답 찾는 공식 08]   정답 (a)

단서 If ~ had heard

해설 if절에 had p.p.(had heard)가 있으므로 주절에는 had p.p.와 짝을 이루어 가정법 과거완료를 만드는 'would + have p.p.'가 와야 한다. 따라서 (a) would have submitted가 정답이다.

해석 Andrew는 반 친구들 중 한 명을 통해 학교 사진 대회에 대해 방금 알게 되었다. 슬프게도, 마감 기한이 어제였기 때문에, 그는 더 이상 참가할 수 없다. 만약 Andrew가 그 대회에 대해 이전에 들었었다면, 그는 그의 사진들 중 한 개를 제출했을 텐데.

어휘 find out 알게 되다, 알아내다   no longer 더 이상 ~이 아닌   submit 제출하다

02 과거완료진행 시제 [정답 찾는 공식 05]   정답 (d)

단서 Before he bought ~ for ~ three decades

해설 빈칸 문장에 'before + 주어 + 과거 동사'(Before he bought)와 'for + 기간'(for ~ three decades)이 있다. 따라서 대과거(저축을 시작했던 시점)부터 before 부사절이 가리키는 과거 기준 시점까지 삼십 년 동안 계속 진행되어 오고 있었던 일(저축해 오고 있던 중이었음)을 나타내는 과거완료진행 시제 (d) had been saving이 정답이다.

오답분석 (b) 과거진행 시제는 특정 과거 시점에 진행 중이었던 일을 나타내고, 지속을 나타내는 표현인 'for + 기간'(for ~ three decades)과 함께 쓰이지 않으므로 오답이다.

해석 지난주에, Noah는 마침내 그의 꿈의 집을 살 수 있었다! 그것은 아름다운 해변 가까이에 위치해 있는데, 이게 그가 그 집을 매우 좋아했던 이유이다. 그가 그것을 사기 전에, 그는 삼십 년이 넘는 동안 돈을 저축해 오고 있던 중이었다.

어휘 decade 10년   save 저축하다

03 동명사 [정답 찾는 공식 14]   정답 (c)

단서 keep

해설 동사 keep이 있다. keep은 동명사를 목적어로 취하므로 동명사 (c) growing이 정답이다.

오답분석 (d) 동명사의 완료형 having p.p.는 문장의 동사보다 이전에 일어난 일을 나타낼 때 사용하는데, 동명사가 나타내는 일이 문장의 동사(keep)보다 이전에 일어난 일이 아니므로 완료형은 오답이다.

해석 어부들은 무게가 40파운드까지 나가는 바닷가재를 잡았다. 무게가 가장 많이 나가는 바닷가재는 보통 가장 나이가 많은 것들이다. 이것은 이 생물들이 껍질을 수차례 벗을 수 있어서, 그들의 일생에 걸쳐 계속 성장하기 때문이다.

어휘 fisherman 어부, 낚시꾼   weight 무게가 나가다   creature 생물, 생명체   shed 벗다   exoskeleton (갑각류의) 겉껍질, 외골격

04 미래진행 시제 [정답 찾는 공식 03]   정답 (b)

단서 When the procession passes

해설 빈칸 문장에 'when + 주어 + 현재 동사'(When the procession passes)가 있다. 따라서 when 부사절이 가리키는 미래 시점에 진행 중일 일(공연하고 있는 중일 것임)을 나타내는 미래진행 시제 (b) will be performing이 정답이다. 참고로 미래진행 시제 문제에는 later와 같이 미래 시점을 나타내는 시간 표현이 자주 등장한다.

해석 나는 곧 있을 세계 댄스 행진이 우리 거리를 지나갈 것이라는 것을 들어 기쁘다! 그 행렬이 이따 오후 1시 45분에 내 건물의 옆을 지나갈 때, 스웨덴 댄스팀이 대차 위에서 공연하고 있는 중일 것이다.

어휘 upcoming 곧 있을, 다가오는   parade 행진   go down 지나가다   procession 행렬, 행진   pass by ~의 옆을 지나가다   float (행진 등의) 대차, 장식 수레

05 일반 조동사 - can [정답 찾는 공식 18]   정답 (d)

단서 perceive, recognize

해설 주인의 심리적 변화를 냄새로 인지하는 반려견들의 능력에 관한 지문이므로, 빈칸이 '(인지)할 수 있다', '(인식)할 수 있다'라고 해석되어야 자연스럽다. 따라서 '~할 수 있다'라는 의미의 능력을 나타내는 조동사 (d) can이 정답이다.

오답분석 (a) 반려견이 냄새를 인지할 수 있다는 것은 연구에 따른 내용이라고 언급되어 있다. 따라서 불확실하고 약한 추측을 나타내는 조동사 might보다는 능력을 나타내는 조동

사 can이 더 적합하다.

[해석] 인간이 스트레스가 많은 활동에 참여할 때, 그들은 서로 다른 화학적인 냄새로 표시되는 땀과 숨을 분출한다. 연구에 따르면, 반려견들은 이 변화를 냄새에서 인지할 수 있고 그들의 주인이 불안해하거나 긴장하는 경우를 인식할 수 있다.

[어휘] engage in ~에 참여하다 stressful 스트레스가 많은 sweat 땀 breath 숨, 입김 mark 표시하다 chemical 화학적인 odor 냄새, 악취 perceive 인지하다 recognize 인식하다 anxious 불안해하는 strained 긴장한

06 가정법 과거 [정답 찾는 공식 07] 정답 (a)

[단서] If ~ switched

[해설] if절에 과거 동사(switched)가 있으므로 주절에는 과거 동사와 짝을 이루어 가정법 과거를 만드는 'would + 동사원형'이 와야 한다. 따라서 (a) would carry가 정답이다.

[해석] 많은 부모들은 Peppermill 고등학교가 계속 전통적인 종이 방식의 교과서를 이용하기로 한 계획을 발표한 것에 실망했다. 만약 학교가 태블릿 PC로 바꾼다면, 학생들은 눈에 띄게 더 가벼운 책가방을 가지고 다닐 텐데.

[어휘] disappointed 실망한 continuously 계속, 끊임없이 traditional 전통적인 textbook 교과서 switch 바꾸다 noticeably 눈에 띄게 light 가벼운 carry 가지고 다니다, 휴대하다

07 조동사 should 생략 [정답 찾는 공식 17] 정답 (b)

[단서] recommends that they

[해설] 'recommend that + 주어'(recommends that they)가 있다. 주절에 제안을 나타내는 동사가 있으면 that절에는 '(should +) 동사원형'이 와야 하므로, 동사원형 (b) refrain이 정답이다.

[해석] 독감 철에 대비하여, 코치 Conti는 그의 라크로스팀 선수 전원에게 이메일을 보냈다. 이메일에서, 그는 야외에서 얇은 옷을 입는 것과 씻지 않은 손으로 불필요하게 그들의 얼굴을 만지는 것을 삼가야 한다고 권고한다.

[어휘] in preparation for ~에 대비하여 flu 독감 thin 얇은 unnecessarily 불필요하게 unwashed 씻지 않은 refrain from ~을 삼가다

08 현재진행 시제 [정답 찾는 공식 01] 정답 (a)

[단서] right now

[해설] 빈칸 문장에 right now(바로 지금)가 있다. 따라서 right now와 함께 쓰여 현재 진행 중인 동작(페인트칠하고 있는 중임)을 나타내는 현재진행 시제 (a) is painting이 정답이다.

[오답 분석] (b) 단순현재 시제는 일반적인 사실이나 반복적인 습관을 나타내므로, 말하고 있는 현재 시점을 가리키는 시간 표현인 right now와 함께 쓰이면 어색하여 오답이다.

[해석] 죄송하지만, Carl은 전화를 받으러 올 수 없어요. 그는 바로 지금 뒷마당에서 헛간에 페인트칠하고 있는 중이라서 향후 두 시간 정도는 여유가 있지 않을 거예요. 끝나면 그가 당신께 다시 전화를 드리게 하도록 할게요.

[어휘] shed 헛간, 창고 backyard 뒷마당 available 여유가 있는, 시간이 있는

09 접속사 [정답 찾는 공식 24] 정답 (c)

[해설] 부사절은 직유, 주절은 은유를 설명하고 있다. 첫 문장에서 두 개념은 다른 비유의 방식이라고 한 뒤, 빈칸이 있는 두 번째 문장에서 두 개념이 어떻게 다른지를 구체적으로 대조하고 있는 문맥이다. 따라서 '~하는 데 반하여'라는 의미의 대조를 나타내는 접속사 (c) While이 정답이다.

[오답 분석] (a) As if는 '마치 ~인 것처럼', (b) Wherever는 '~한 곳 어디에나', (d) No matter how는 '아무리 ~하더라도'라는 의미로, 문맥상 적합하지 않아 오답이다.

[해석] 직유와 은유는 소설과 산문 작품들 모두에서 발견되는 약간 다른 방식의 비유적 표현이다. 직유는 두 가지 다른 것들을 동일시하기 위해 '~ 같은'이나 '~처럼'이라는 단어들을 사용하는 데 반하여, 은유는 그러한 단어들의 필요 없이 직접적인 비교를 서술한다.

[어휘] simile 직유 metaphor 은유, 비유 slightly 약간, 조금 figure of speech 비유적 표현 nonfiction 산문 작품 equate 동일시하다 dissimilar 다른, 같지 않은 state 서술하다 direct 직접적인 comparison 비교

10 가정법 과거 [정답 찾는 공식 07] 정답 (d)

[단서] If ~ were to restrict

[해설] if절에 과거 동사(were to restrict)가 있으므로 주절에는 과거 동사와 짝을 이루어 가정법 과거를 만드는 'would + 동사원형'이 와야 한다. 따라서 (d) would decrease가 정답이다.

[해석] 휘발유로 운행되는 차량의 사용은 전 세계적으로 기후 변화를 일으킨다. 하지만, 많은 정부들은 이 문제를 해결하려는 의지를 보이지 않아 왔다. 만약 국가들이 차 사용을 제한한다면, 온실가스 배출도 그 결과로서 감소할 텐데.

[어휘] gasoline 휘발유 vehicle 차량 climate change 기후 변화 willingness 의지, 의사 address 해결하다 nation 국가 restrict 제한하다 usage 사용 greenhouse gas 온실가스 emission 배출 decrease 감소하다

superior 상관, 상사   fail ~하지 않다   parcel 소포
clear one's name 누명을 벗다   possess 보유하다, 소유하다
package 소포, 상품

11 과거진행 시제 [정답 찾는 공식 02]   정답 (b)

단서 when the waiter came

해설 빈칸 문장에 'when + 주어 + 과거 동사'(when the waiter came)가 있다. 따라서 when 부사절이 가리키는 과거 시점에 진행 중이었던 동작(음식을 여전히 고르고 있는 중이었음)을 나타내는 과거진행 시제 (b) was still picking이 정답이다. 참고로 과거진행 시제 문제에는 Last night과 같이 과거 시점을 나타내는 시간 표현이 자주 등장한다.

오답 분석 (d) 단순과거 시제는 과거의 종료된 일이나 사건을 나타내므로, when 부사절이 가리키는 특정 과거 시점인 '종업원이 왔을 때' 진행 중이었던 동작을 나타낼 수 없어 오답이다.

해석 나는 Aria의 우유부단한 태도에 자주 짜증이 난다. 그녀는 그녀 스스로는 거의 아무것도 결정하지 못한다. 어젯밤에, 종업원이 우리의 주문을 받기 위해 우리 테이블에 두 번째로 왔을 때, 그녀는 어떤 음식을 먹을지를 여전히 고르고 있는 중이었다.

어휘 irritated 짜증이 난   indecisive 우유부단한   attitude 태도
hardly 거의 ~않는   on one's own 스스로, 혼자
take order 주문을 받다   dish 음식, 요리

12 접속부사 [정답 찾는 공식 23]   정답 (d)

해설 '빈칸 + 콤마(,)' 앞 문장은 학생들 대부분이 아파서 집에 있다는 원인에 대한 내용이고, 뒤 문장은 그래서 시험을 미룬다는 결과적인 내용으로, 뒤 문장이 앞 문장에서 제시된 원인의 결과를 서술하고 있다. 그러므로 '따라서'라는 의미의 결과를 나타내는 접속부사 (d) Thus가 정답이다.

오답 분석 (a) Meanwhile은 '그 사이에', (b) Rather는 '오히려', (c) Incidentally는 '그건 그렇고'라는 의미로, 문맥상 적합하지 않아 오답이다.

해석 Mr. Lowell의 생물학 수업 학생들의 거의 절반이 식중독으로 아파서 집에 있다. 따라서, 그는 그날의 복습 시험을 결석이 적을 다음 주로 미루지 않을 수 없다.

어휘 food poisoning 식중독
have no choice but to ~하지 않을 수 없다   absence 결석

13 동명사 [정답 찾는 공식 14]   정답 (a)

단서 acknowledged

해설 동사 acknowledge(acknowledged)가 있다. '인정하다'라는 뜻의 동사 acknowledge는 동명사를 목적어로 취하므로 동명사 (a) receiving이 정답이다.

해석 배달원은 그의 상관에 의해 소포를 배달하지 않은 것으로 실수로 질책받았다. 다행히, 그는 누명을 벗을 수 있었는데 이는 그가 고객이 소포를 받는 것을 인정한 서명된 양식을 보유하고 있었기 때문이다.

어휘 mistakenly 실수로, 잘못하여   reprimand 질책하다

14 미래완료진행 시제 [정답 찾는 공식 06]   정답 (c)

단서 By the time they obtain ~ for a year

해설 빈칸 문장에 'by the time + 주어 + 현재 동사'(By the time they obtain)와 'for + 기간'(for a year)이 있다. 따라서 과거(비자 발급을 기다리기 시작했던 시점)부터 by the time 부사절이 가리키는 미래 시점까지 1년 동안 계속 진행되고 있을 일(기다려 오고 있는 중일 것임)을 나타내는 미래완료진행 시제 (c) will have been waiting이 정답이다. 참고로 미래완료진행 시제 문제에는 next month와 같이 미래 시점을 나타내는 시간 표현이 자주 등장한다.

해석 Rod와 Sandy는 소리를 질렀다! 그들은 미국으로 가는 그들의 이민 비자가 다음 달에 발급될 것이라는 문자를 지금 받았다. 그들이 공식 문서를 입수할 무렵에, 그들은 1년 동안 기다려 오고 있는 중일 것이다.

어휘 shriek 소리를 지르다   immigration 이민, 이주
issue 발행하다   obtain 입수하다, 얻다

15 가정법 과거 [정답 찾는 공식 07]   정답 (a)

단서 would feel ~ if

해설 주절에 'would + 동사원형'(would feel)이 있으므로 if절에는 'would + 동사원형'과 짝을 이루어 가정법 과거를 만드는 과거 동사가 와야 한다. 따라서 (a) were가 정답이다. 참고로 가정법 과거에서는 if절의 동사가 be동사일 경우 주어에 관계없이 were를 사용한다.

해석 나의 담임 선생님은 방과 후 개인적인 대화에서 그녀가 이번 학기 중 지금까지의 나의 태도에 대해 불만족한다고 이야기하셨다. 만약 내가 나의 공부에 대해 더 열정적이라면 그녀가 나의 진척에 대해 더 좋게 느낄 텐데.

어휘 homeroom teacher 담임 선생님   private 개인의, 비공개의
unsatisfied 불만족한   attitude 태도   so far 지금까지
progress 진척   enthusiastic 열정적인

16 to 부정사 [정답 찾는 공식 16]   정답 (a)

단서 are inclined

해설 are inclined가 있다. 따라서 'be inclined + to 부정사'의 형태로 쓰여 '~하는 경향이 있다'라는 관용적 의미를 나타내는 to 부정사 (a) to bear가 정답이다.

해석 어떤 사람들은 그들이 잘못한 것이 없을 때조차도 온종일 '미안하다'라고 말하는 습관이 있다. 심리학자들에 따르면, 그들은 과도하게 사과하는데 이는 그들이 다른 사람들의 실수에 대해 책임을 지는 경향이 있기 때문이다.

어휘 habit 습관 throughout the day 온종일
psychologist 심리학자 apologize 사과하다
excessively 과도하게 mistake 실수
bear responsibility 책임을 지다

17 가정법 과거완료 [정답 찾는 공식 08]   정답 (b)

단서 if ~ had brought

해설 if절에 had p.p.(had brought)가 있으므로 주절에는 had p.p.와 짝을 이루어 가정법 과거완료를 만드는 'would + have p.p.'가 와야 한다. 따라서 (b) would have contributed가 정답이다.

해석 Nathan은 자원봉사자가 그에게 다가왔을 때 그가 모금에 조금의 돈도 기부할 수 없었다는 것이 유감스러웠다. 만약 그가 그의 오후 달리기에 지갑을 가져갔었다면 그는 조금의 현금을 기부했을 텐데.

어휘 donate 기부하다 charity 모금, 자선 (단체)
approach 다가오다, 접근하다 volunteer 자원봉사자
wallet 지갑 contribute 기부하다

18 to 부정사 [정답 찾는 공식 11]   정답 (d)

단서 makes sure

해설 동사구 make sure(makes sure)가 있다. make sure는 to 부정사를 목적어로 취하므로 to 부정사 (d) to yield가 정답이다.

오답분석 (c) to 부정사의 진행형은 문장의 동사가 나타내는 시점에 진행 중인 일을 표현한다. 그런데 '양보를 하는'(yield) 일은 Max의 일반적인 습관이고, 양보를 하는 동작이 특정 시점에 진행되고 있는 것은 문맥상 어색하므로 오답이다. 참고로 지텔프에 진행형이 정답인 to 부정사 문제는 거의 나오지 않는다.

해석 Max는 자전거로 도시를 그렇게 빠르게 가로지를 수 있는 것을 매우 좋아하지만, 언제나 안전하게 타려고 노력한다. 길에서 타는 동안 그는 교통법을 따르고 횡단보도에서는 보행자에게 양보하는 것을 확실히 한다.

어휘 traverse 가로지르다, 횡단하다 safely 안전하게
pedestrian 보행자 crosswalk 횡단보도 yield 양보하다

19 관계대명사 who [정답 찾는 공식 27]   정답 (c)

단서 the candidate

해설 사람 선행사 the candidate을 꾸며주면서 관계절 내에서 sent의 주어가 될 수 있는 주격 관계대명사가 필요하므로, (c) who sent this résumé가 정답이다.

오답분석 (a) 관계대명사 that이 사람 선행사를 꾸며주면서 주어 역할을 할 때는 관계절이 'that + 동사 ~'의 어순이면서 주어가 없어야 하는데, 관계절 내에 주어 he가 있으므로 오답이다.

해석 회계 관리자 직위 지원자의 고용을 시작할 때입니다. 우선, 이 이력서를 보낸 후보자와 연락해 그녀가 언제 채용 면접에 참석 가능한지를 물어봐 주실 수 있을까요?

어휘 hire 고용하다 applicant 지원자 accounting 회계, 경리
supervisor 감독관, 관리자 position 직위
contact 연락하다, 접촉하다 candidate 후보자
recruitment 채용 résumé 이력서

20 일반 조동사 - should [정답 찾는 공식 20]   정답 (b)

단서 write

해설 프로 농구 기자가 가져야 할 바람직한 태도를 설명하는 지문이므로, 빈칸이 '(쓰)는 것이 좋겠다'라는 의미여야 자연스럽다. 따라서 '~하는 것이 좋겠다'라는 의미의 권고를 나타내는 조동사 (b) should가 정답이다.

해석 프로 농구에 대해 보도하는 기자들은 코트 밖에서 벌어지는 극적인 사건에 너무 많은 관심을 기울인다. 독자에게 그 스포츠에 대한 더 나은 이해를 제공하기 위해, 그들은 경기의 실제 전략에 대해 더 쓰는 것이 좋겠다.

어휘 journalist 기자 report 보도하다
pay attention to ~에 관심을 기울이다 strategy 전략

21 to 부정사 [정답 찾는 공식 12]   정답 (c)

단서 warned him

해설 'warn + 목적어'(warned him)가 있다. warn은 'warn + 목적어 + 목적격 보어'의 형태로 쓰일 때 to 부정사를 목적격 보어로 취하여 '~에게 -하라고 경고하다'라는 의미를 나타내므로 to 부정사 (c) to take가 정답이다.

오답분석 (b) to 부정사가 나타내는 '사진을 찍는'(take) 일이 문장의 동사(warned)보다 이전에 일어난 일이 아니므로 완료형은 오답이다. 참고로 to 부정사가 5형식 동사의 목적격 보어로 쓰일 때는, 대부분 문장의 동사보다 미래에 일어날 일을 나타낸다.

해석 Austin은 다가오는 시카고행 휴가를 위해 그의 인생에서 처음으로 차를 빌리는 것에 대해 걱정을 많이 한다. 그의 친구는 그에게 렌터카 부지를 떠나기 전에 차의 상태에 대한 사진을 찍으라고 경고한다.

어휘 nervous 걱정을 많이 하는 rent 빌리다 condition 상태
drive off 떠나다 lot 부지

22 현재완료진행 시제 [정답 찾는 공식 04]   정답 (c)

단서 Since last year ~ for six months now

해설 빈칸 문장에 'since + 과거 시점'(Since last year)과 'for + 기간 + now'(for six months now)가 있다. 따라서 since 부사구가 가리키는 과거 시점부터 현재까지 계속 진행되어 오고 있는 일(연습해 오고 있는 중임)을 나타내는 현재완료진행 시제 (c) has been practicing이 정답이다.

오답분석 (a) 현재진행 시제는 말하고 있는 현재 시점에 한창 진행 중인 동작을 나타내고, 지속을 나타내는 표현인 'for + 기간'(for six months)과 함께 쓰이지 않으므로 오답이다.

해석 Brooke은 숙련된 색소폰 연주자가 되는 것에 완전히 전념한다. 생일에 그 악기를 선물 받았던 작년 이래로, 그녀는 지금까지 6개월 동안 끊임없이 장음계를 연습해 오고 있는 중이다.

어휘 totally 완전히   be committed to ~에 전념하다
skilled 숙련된   gift 선물하다   instrument 악기
major scale 장음계   constantly 끊임없이

23 조동사 should 생략 [정답 찾는 공식 17]   정답 (a)

단서 advised that an individual

해설 'advise that + 주어'(is advised that an individual)가 있다. 주절에 제안을 나타내는 동사가 있으면 that절에는 '(should +) 동사원형'이 와야 하므로, 동사원형 (a) stand 가 정답이다.

해석 건강 전문가들은 앉아 있는 것이 새로운 흡연이라고 말한다. 관련된 건강 위험의 영향을 줄이기 위해, 하루 중 대부분을 앉아서 보내는 개인은 최소한 한 시간에 한 번씩은 일어나야 한다고 충고받는다.

어휘 expert 전문가   reduce 줄이다   impact 영향
associated 관련된

24 동명사 [정답 찾는 공식 14]   정답 (b)

단서 dislike

해설 동사 dislike이 있다. dislike은 동명사를 목적어로 취하므로 동명사 (b) using이 정답이다.

오답분석 (d) 동명사의 완료형 having p.p.는 문장의 동사보다 이전에 일어난 일을 나타낼 때 사용한다. 그런데 문제에서 동명사가 나타내는 '사용하는'(use) 일은 사람들의 성향에 관한 일반적인 사실로서, 문장의 동사(dislike)보다 이전에 일어난 일이 아니므로 완료형은 오답이다.

해석 시내의 커피숍은 음료에 딸려 오는 종이 빨대에 대한 대안으로서 금속 빨대를 판매한다. 몇몇 고객들은 그것이 기존의 플라스틱 제품들과 비교해 재활용할 수 있고 더 적은 쓰레기를 발생시킨다고 해도 그것을 사용하는 것을 싫어한다.

어휘 downtown 시내의   metal 금속의   straw 빨대
alternative 대안   come with ~이 딸려 오다
recyclable 재활용할 수 있는   waste 쓰레기, 폐기물

25 가정법 과거완료 [정답 찾는 공식 08]   정답 (c)

단서 Had ~ delivered

해설 if가 생략되어 도치된 절에 had p.p.(Had ~ delivered)가 있으므로 주절에는 had p.p.와 짝을 이루어 가정법 과거

완료를 만드는 'would + have p.p.'가 와야 한다. 따라서 (c) would have probably been persuaded가 정답이다.

해석 Shawn의 하급 관리자는 투자자들과의 판촉 회의에서 핀트에 안 맞는 말을 했다. 그 결과, 회사는 그것이 필요한 자금을 받는 데 실패했다. Shawn이 발표를 직접 했었다면, 투자자들은 제안서에 아마 설득되었을 텐데.

어휘 miss the mark 핀트에 안 맞는 말을 하다, 헛소리를 하다
pitch meeting 판촉 회의   funding 자금   proposal 제안(서)
persuade 설득하다

26 관계대명사 which [정답 찾는 공식 25]   정답 (d)

단서 The ~ clinic,

해설 사물 선행사 The ~ clinic 뒤에 콤마(,)가 있다. 따라서 빈칸에는 사물 선행사를 꾸며주면서 콤마(,) 뒤에 올 수 있는 관계대명사 which를 써야 하므로, (d) which is twice as big as the original space가 정답이다. 참고로 which는 관계절 내에서 동사 is의 주어가 되는 주격 관계대명사이다.

오답분석 (c) that도 사물 선행사를 꾸며주는 주격 관계대명사의 역할을 하지만, 콤마(,) 뒤에 올 수 없으므로 오답이다.

해석 그 안과 의사는 환자들에게 최첨단의 시설을 제공하기 위해 그녀의 병원을 새로운 장소로 옮길 것이다. 그녀는 고정 방문객들이 그녀의 치료를 받기 위해 기꺼이 더 멀리 이동하지 않을까 봐 걱정한다. 새로운 병원은, 그것은 원래 공간보다 두 배 더 큰데, 다른 지역에 있다.

어휘 clinic 병원   cutting-edge 최첨단의   facility 시설
patient 환자   concerned 걱정하는
regular 고정적인, 정기적인   be willing to 기꺼이 ~하다
receive 받다   treatment 치료   neighborhood 지역, 이웃

1. 청취 벼락치기 특강

대표 지문의 흐름 및 빈출 문제   p.105

남: 안녕, Jessica! 요즘 어떻게 지내고 있어?

여: 안녕, Alex. 나는 초보자를 위한 커피 제조 수업을 수강하고 있어.

남: 그거 너한테 완벽하다. 너 커피를 진짜 좋아하잖아.

여: 맞아. 그 음료에 대한 내 열정이 내가 그 과정에 등록한 이유야.

남: 그래서 지금까지 너는 무엇을 배웠니?

여: 우리는 막 첫 수업을 마쳤는데, 그건 핸드드립 커피를 어떻게 만드는지를 연습하는 것이었어. 그 과정은 내가 원래 생각했던 것보다 훨씬 더 복잡해.

남: 무슨 뜻이야? 너는 그저 커피 가루에 뜨거운 물만 부으면 되는 거 아니야?

여: 그렇게 해도 되지만, 그러면 너는 맛을 놓치게 될 거야. 우리 선생님은 어떻게 콩을 알맞은 농도로 갈고 오직 정수만 사용하는 것을 확실히 할 수 있는지를 우리에게 가르쳐 줬어. 그런 다음에, 우리는 커피 가루 위에 물을 붓는 알맞은 기술을 연습했어. 물을 원형으로 천천히 추가하는 것이 훌륭한 커피 한 잔의 비밀이야.

남: 많은 작업이 들어가는 것 같아 보인다. 그럴만한 가치가 있어?

여: 물론이지! 풍미와 향이 둘 다 훨씬 더 풍부해져. 카페의 핸드드립 커피보다 더 낫지는 않더라도 꼭 그것만큼 맛있어.

남: 말도 안 돼. 내가 한 번 마셔봐야겠어.

여: 이번 주에 언젠가 한 번 들르면 어때? 나 시간 돼.

남: 그러고 싶어. 고마워!

여: 문제없어. 나에게는 샘플을 만들려고 의도했던 콜롬비아산 원두가 조금 있어.

> [어휘] beverage 음료   join 등록하다   complicated 복잡한
> pour (물을) 붓다, 따르다   grounds 커피 가루
> lose out on ~을 놓치다   consistency 농도, 밀도
> purified 정화된   worth ~할 가치가 있는   flavor 풍미
> aroma 향   rich 풍부한   come over 들르다

연습 문제   p.107

01	b	02	a	03	d	04	b

1. What are David and Jane discussing?
2. Why might online shoe shopping be troublesome?
3. According to Jane, what is the greatest advantage of offline shopping?
4. What has David probably decided to do?

F: Hey, David! Did you buy the brand-new SRX shoes?

M: Hi, Jane. No, not yet. ⁰¹I can't decide whether to get them online or at an offline store.

F: Oh, I know how badly you want them. Perhaps we can discuss the advantages and disadvantages of each shopping method.

M: Great idea. First, online shopping's main draw is that it's affordable. I can receive a 20 percent discount if I sign up for a new membership.

F: A low cost is definitely an important factor. As students, we don't have a lot of extra money to spend on clothes or accessories.

M: Exactly. At the same time though, I'm worried about ordering the right size. ⁰²If the shoes don't fit me correctly, I will have to exchange them, which will be bothersome.

F: Good point. How does that compare to the offline shop?

M: There, I can try on different sizes until I find the best one for me.

F: That's true. Also, ⁰³the biggest advantage of offline shopping is that you can get your merchandise right when you pay for it.

M: Right. That's much more convenient than having to wait a few days for an online delivery.

F: So, which one are you going to choose?

M: Well, ⁰⁴I don't want to deal with the hassle of exchanging shoes that don't fit. Furthermore, ⁰⁴it would be great to wear the SRX shoes as soon as possible since they are so popular right now.

여: 안녕, David! 너 SRX 신상 신발 샀니?

남: 안녕, Jane. 아니, 아직 못 샀어. ⁰¹나는 그것을 온라인에서 사야 할지 아니면 오프라인 매장에서 사야 할지 결정하지 못하겠어.

여: 오, 네가 얼마나 대단히 그것들을 원하는지 알아. 아마 우리는 각 쇼핑 방법의 장단점을 논의해 볼 수 있을 거야.

남: 좋은 생각이야. 첫 번째로, 온라인 쇼핑에 주요하게 끌리는 요인은 그것이 저렴하다는 거야. 만약 내가 새로운 멤버십에 가입하면 나는 20퍼센트의 할인을 받을 수 있어.

여: 저렴한 가격은 확실히 중요한 요인이지. 학생으로서, 우리는 옷이나 액세서리에 쓸 많은 여분의 돈이 없잖아.

남: 그러니까. 하지만 동시에, 나는 맞는 치수를 주문하는 것에 대해 걱정이 돼. ⁰²만약 신발이 나에게 제대로 맞지 않는다면, 나는 그것들을 교환해야 할 텐데, 그건 성가실 거야.

여: 좋은 지적이야. 그건 어떻게 오프라인 매장과 비교가 되니?

남: 거기에서, 나는 나에게 최적인 것을 찾을 때까지 서로 다른 치수들을 신어볼 수 있어.

여: 맞아. 또한, ⁰³오프라인 쇼핑의 가장 큰 장점은 네가 그것의 값을 지불하면 상품을 바로 받을 수 있다는 거지.

남: 맞아. 그건 온라인 배달을 며칠간 기다려야 하는 것보다 훨씬 더 편리하지.

여: 그래서, 너는 어떤 것을 고를 거니?

남: 음, ⁰⁴나는 맞지 않는 신발을 교환하는 귀찮은 상황을 다루고 싶지 않아. 게다가, 그것이 바로 지금 매우 인기가 있으니까 ⁰⁴가능한 한 빨리 SRX 신발을 신는 것이 좋을 거야.

어휘 ┃ brand-new 신품인, 아주 새로운 badly 대단히, 몹시
advantage 장점 disadvantage 단점 method 방법, 기법
draw 끌어들이는 것 affordable (가격이) 저렴한, 알맞은
sign up for ~에 가입하다 definitely 확실히 factor 요인
extra 여분의 clothes 옷, 의복 order 주문하다 fit 맞다
correctly 제대로 exchange 교환하다
bothersome 성가신, 귀찮은
try on (옷이나 신발 따위를) 신어보다, 입어보다
merchandise 상품 right 바로, 즉시 convenient 편리한
delivery 배달 deal with ~을 다루다 hassle 귀찮은 상황

01 주제/목적 정답 (b)

보기 ┃ (a) what device is needed to shop online
(b) where to purchase a product
(c) why he should buy the latest shoes
(d) how to get a new member discount

질문 ┃ What are David and Jane discussing?

단서 ┃ 보기의 shop, purchase, buy, shoes 등의 키워드를 통해 쇼핑에 대한 내용임을 파악한 뒤, 질문을 들으며 의문사 what과 키워드 discussing을 메모한다.

해석 ┃ David과 Jane은 무엇을 논의하고 있는가?
(a) 온라인으로 쇼핑하는 데 어떤 기기가 필요한지
(b) 상품을 어디에서 살지
(c) 그가 왜 최신의 신발을 사야 하는지
(d) 신규 회원 할인을 어떻게 받는지

해설 ┃ David과 Jane이 무엇을 논의하고 있는지를 묻는 주제 문제이므로, 주제가 언급되는 대화의 초반을 주의 깊게 듣는다. 남자가 'I can't decide whether to get them online or at an offline store.'라며 신발을 온라인에서 사야 할지 아니면 오프라인 매장에서 사야 할지 결정하지 못하겠다고 한 뒤, 온라인에서 신발을 구매하는 것과 오프라인에서 신발을 구매하는 것의 장단점을 비교하는 대화가 이어지고 있다. 따라서 David과 Jane은 상품을 어디에서 살지를 논의하고 있음을 알 수 있으므로, (b)가 정답이다.

어휘 ┃ device 기기 purchase 사다, 구매하다

02 특정세부사항 정답 (a)

보기 ┃ (a) because items may not fit properly
(b) because comparing shoes takes time
(c) because few clothing lines are web-based
(d) because accessories cost extra

질문 ┃ Why might online shoe shopping be troublesome?

단서 ┃ 보기의 not fit, takes time, cost extra 등의 부정적인 키워드를 통해 단점에 대한 내용임을 파악한 뒤, 질문을 들으며 의문사 why와 키워드 online, troublesome을 메모한다.

해석 ┃ 왜 온라인 신발 쇼핑은 성가실지도 모르는가?
(a) 물건이 제대로 맞지 않을지도 모르기 때문에
(b) 신발들을 비교하는 것에는 시간이 들기 때문에
(c) 웹 기반의 의류 라인은 거의 없기 때문에
(d) 액세서리는 추가 금액이 들기 때문에

해설 ┃ 왜 온라인 신발 쇼핑이 성가실지도 모르는지를 묻는 특정세부사항 문제이다. 질문의 키워드 troublesome이 bothersome으로 paraphrasing되어 언급된 부분에서, 남자가 'If the shoes don't fit me correctly, I will have to exchange them, which will be bothersome.'이라며 만약 신발이 자신에게 제대로 맞지 않는다면 그것들을 교환해야 하는 것이 성가실 것이라고 했다. 따라서 온라인 신발 쇼핑을 하는 경우 물건이 제대로 맞지 않으면 성가실 수 있다는 것을 알 수 있으므로 (a)가 정답이다. 참고로 지문의 don't fit ~ correctly(제대로 맞지 않는다)가 정답에서 may not fit properly(제대로 맞지 않을지도 모른다)로 paraphrasing되었다.

어휘 ┃ properly 제대로, 올바르게
troublesome 성가신, 문제를 일으키는

03 특정세부사항 정답 (d)

보기 ┃ (a) One can pay in convenient installments.
(b) One can gain more free merchandise.
(c) One can find bigger sizes available.
(d) One can get their goods immediately.

질문 ┃ According to Jane, what is the greatest advantage of offline shopping?

단서 ┃ 보기의 convenient, free, bigger, immediately 등의 긍정적인 키워드를 통해 장점에 대한 내용임을 파악한 뒤, 질문을 들으며 의문사 what과 키워드 greatest advantage, offline을 메모한다.

해석 ┃ Jane에 따르면, 오프라인 쇼핑의 가장 큰 장점은 무엇인가?
(a) 편리한 할부로 비용을 지불할 수 있다.
(b) 더 많은 무료 상품들을 받을 수 있다.
(c) 더 큰 치수들이 이용 가능한 것을 확인할 수 있다.
(d) 상품을 즉시 받을 수 있다.

해설 ┃ 오프라인 쇼핑의 가장 큰 장점이 무엇인지를 묻는 특정세부사항 문제이다. 질문의 키워드 greatest advantage가 biggest advantage로 paraphrasing되어 언급된 부분에서, 여자가 'the biggest advantage of offline shopping is that you can get your merchandise right when you pay for it'이라며 오프라인 쇼핑의 가장 큰 장점은 상품의 값을 지불하면 바로 받을 수 있는 것이라고 했다. 따라서 Jane이 말하는 오프라인 쇼핑의 가장 큰 장

점은 상품을 즉시 받을 수 있다는 것임을 알 수 있으므로 (d)가 정답이다. 참고로 지문의 merchandise(상품)가 정답에서 goods(상품)로, 지문의 right(바로)가 정답에서 immediately(즉시)로 paraphrasing되었다.

어휘 installment 할부, 분할 불입금 available 이용 가능한 goods 상품

---

04 추론   정답 (b)

보기 (a) find a popular delivery service
(b) buy an item at the offline shop
(c) exchange shoes that do not fit him
(d) visit the official SRX shoe website

질문 What has David probably decided to do?

단서 보기의 find ~ delivery, buy ~ offline, exchange, visit ~ website 등의 키워드를 통해 행동이나 조치에 대한 내용임을 파악한 뒤, 질문을 들으며 의문사 what과 키워드 decided를 메모한다.

해석 David은 무엇을 하기로 결심한 것 같은가?
(a) 인기 있는 배송 서비스를 찾는다
(b) 오프라인 매장에서 상품을 산다
(c) 그에게 맞지 않는 신발을 교환한다
(d) 공식 SRX 신발 웹사이트를 방문한다

해설 David이 무엇을 하기로 결심한 것 같은지를 묻는 추론 문제이므로, 화자의 결정이 언급되는 대화의 후반을 주의 깊게 듣는다. 남자가 'I don't want to deal with the hassle of exchanging shoes that don't fit'이라며 맞지 않는 신발을 교환하는 귀찮은 상황을 다루고 싶지 않다고 한 것을 통해 온라인 쇼핑을 피하고 싶어 함을 추론할 수 있다. 또한, 남자가 'it would be great to wear the SRX shoes as soon as possible'이라며 가능한 한 빨리 SRX 신발을 신는 것이 좋다고 한 것을 통해, 상품을 빨리 받아보고 싶어 함을 추론할 수 있다. 따라서 남자는 다양한 치수의 신발을 신어볼 수 있고 상품을 즉시 받을 수 있는 오프라인 쇼핑을 할 것임을 추론할 수 있으므로 (b)가 정답이다.

어휘 official 공식적인

대표 지문의 흐름 및 빈출 문제   p.111

라빈드라나트 타고르

라빈드라나트 타고르는 비유럽인 최초로 노벨 문학상을 수상한 것으로 가장 잘 알려진 벵골인 소설가, 화가, 수필가이자 시인이다.

라빈드라나트 타고르는 1861년 5월 7일에 인도 콜카타에서 아버지 데벤드라나트 타고르와 어머니 사라다 데비 사이에서 태어났다. 타고르는 그의 최초의 시를 일곱 살의 나이에 쓰면서, 예술에 대한 이른 적성을 보였다. 그의 아버지는 열두 살의 타고르를 몇 달에 걸친 인도로의 교육 여행에 데려갔는데 이는 그가 아들이 세상에 대해 배우기를 원했기 때문이다. 그들의 여행 중에, 타고르는 고전 산스크리트어 시와 시크교 송가를 공부했다.

그는 1878년에 아버지의 요청에 따라 영국의 법학대학원에 등록했다. 하지만, 그는 빠르게 자퇴하여 그의 시간을 런던에서 셰익스피어와 다른 저명한 작가들의 작품을 읽으며 보냈다. 1880년에 인도에 돌아와서는, 그는 그의 모국어인 벵골어로 시와 짧은 소설들을 출간하기 시작했다.

1912년에, 타고르는 그의 시집인 「기탄잘리」를 영어로 번역했다. 그 번역본은, 「신에게 바치는 송가」라는 제목이 붙었는데, 원작보다 상당히 적은 시들을 수록했다. 「신에게 바치는 송가」의 영향력에 기반하여, 타고르는 다음 해에 노벨상을 수상했다.

그의 인생에 마지막 수십 년은, 알베르트 아인슈타인 및 마하마트 간디를 포함하여 정부 고위 관리들 및 다른 유명한 인물들과 상호작용하며 보냈다. 타고르는 1941년에 80세의 나이로 사망했다.

어휘 poet 시인 literature 문학 aptitude 적성 classical 고전의 hymn 송가 enroll in ~에 등록하다 drop out 자퇴하다 prominent 저명한 translate 번역하다 entitle 제목을 붙이다 feature 포함하다, 특징으로 삼다 significantly 상당히 strength 영향력, 힘 interact with ~와 상호작용하다 dignitary 고위 관리 figure 인물

연습 문제   p.113

01	a	02	a	03	c	04	b		

2024년 8월 20일

Mr. Wesley Newman
고객 관리 담당자
Double C 커뮤니케이션
캘리포니아주 쿠퍼티노
Anza대로 17, 95014

Mr. Newman께,

저는 제가 지난달 동안에 인터넷 속도와 관련해 ⁰¹반복되는 문제를 겪고 있는 중임을 알려드리고 싶습니다.

저는 서비스 전화와 여러 번 통화했고 전화 교환원은 친절하게 시스템을 어떻게 다시 시작하는지를 저에게 가르쳐 줬습니다. ⁰²이 해결책은 몇 시간 동안은 효과가 있지만, 결국 와이파이는 다시 느려지기 시작합니다.

저는 반드시 이 문제를 빠르게 해결시켜야 합니다. 저는 2주 안에

온라인 강의를 시작할 것이고 가상 강의에 참석하기 위해 ⁰⁴신뢰할 수 있는 인터넷 연결을 가질 필요가 있을 것입니다. 제 서비스 패키지의 가격을 고려한다면, ⁰³저는 인터넷을 사용하기 위해 커피숍이나 공공 도서관에 가야 하지 않아야 합니다.

따라서, 저는 기술자가 이번 주에 우리 집에 방문하여 제 기기를 수리하거나 교체해야 한다고 요청합니다.

감사합니다.
Shirley Campbell 드림

어휘 inform 알리다 recurring 반복되는
hotline 서비스 전화, 직통 전화 operator 교환원
reset 다시 시작하다 slow down 느려지다 matter 문제
resolve 해결하다 reliable 신뢰할 수 있는 connection 연결
attend 참석하다 virtual 가상의 technician 기술자
repair 수리하다 replace 교체하다 device 기기

01 주제/목적   정답 (a)

문제 Why did Shirley Campbell write a letter to Wesley Newman?

(a) to complain about a prolonged issue
(b) to pay last month's service bill
(c) to notify him of a positive experience
(d) to renew her Internet plan

단서 질문을 읽고 Why ~ write를 통해 편지의 목적을 묻는 문제임을 파악한다.

해석 왜 Shirley Campbell은 Wesley Newman에게 편지를 썼는가?

(a) 오래 계속되는 문제에 대해 항의하기 위해
(b) 지난달의 서비스 비용을 지불하기 위해
(c) 긍정적인 경험에 대해 그에게 알리기 위해
(d) 그녀의 인터넷 상품을 갱신하기 위해

해설 편지의 목적을 묻는 문제이므로, 목적이 언급되는 첫 단락을 주의 깊게 읽는다. 1단락의 'I would like to inform you that I have been experiencing a recurring problem'에서 필자는 반복되는 문제를 겪고 있는 중임을 알리고 싶다고 했다. 따라서 오래 계속되는 문제에 대해 항의하기 위해 편지를 썼음을 알 수 있으므로, (a)가 정답이다. 지문의 a recurring problem(반복되는 문제)이 정답 보기에서 a prolonged issue(오래 계속되는 문제)로 paraphrasing되었다.

어휘 complain 항의하다 prolonged 오래 계속되는
notify 알리다 positive 긍정적인 renew 갱신하다

02 특정세부사항   정답 (a)

문제 How did the telephone operators assist Campbell?

(a) by providing a temporary answer
(b) by being available at all times
(c) by finding the problem's cause
(d) by directly resetting the system

단서 질문의 How를 통해 특정세부사항 문제임을 확인한 뒤, 질문의 키워드 operators, assist를 파악한다.

해석 전화 교환원들은 어떻게 Campbell을 도왔는가?

(a) 일시적인 해결책을 제공함으로써
(b) 항상 이용 가능함으로써
(c) 문제의 원인을 찾아 줌으로써
(d) 시스템을 직접 다시 시작시켜 줌으로써

해설 전화 교환원들이 어떻게 Campbell을 도왔는지를 묻는 특정세부사항 문제이므로, 질문의 키워드 operators assist가 operators ~ taught로 paraphrasing되어 언급된 2단락 주변 내용을 주의 깊게 읽는다. 'While this solution works for a few hours, eventually the WiFi starts slowing down again.'에서 전화 교환원들이 알려준 해결책은 몇 시간 동안은 효과가 있지만 결국 와이파이는 다시 느려지기 시작한다고 했으므로, 전화 교환원들이 일시적인 해결책만을 제공했음을 알 수 있다. 따라서 (a)가 정답이다.

어휘 assist 돕다 temporary 일시적인 available 이용 가능한
directly 직접

03 추론   정답 (c)

문제 According to the letter, what will Campbell probably do if the Internet is not fixed soon?

(a) switch over to a different service package
(b) bring her device to the service center
(c) look outside her home for other WiFi options
(d) attend the offline version of a virtual class

단서 질문의 probably를 통해 추론 문제임을 확인한 뒤, 질문의 키워드 fixed를 파악한다.

해석 편지에 따르면, 인터넷이 곧 고쳐지지 않으면 Campbell이 무슨 일을 할 것 같은가?

(a) 다른 서비스 패키지로 바꾼다
(b) 그녀의 기기를 서비스 센터로 가져간다
(c) 다른 와이파이 선택지를 그녀의 집 바깥에서 찾는다
(d) 오프라인 가상 수업에 참석한다

해설 인터넷이 곧 고쳐지지 않으면 Campbell이 무슨 일을 할 것 같은지를 추론하는 문제이다. 질문의 키워드 fixed가 resolved로 paraphrasing되어 언급된 주변 내용을 주의 깊게 읽는다. 3단락의 'I shouldn't have to go to a coffee shop ~ to use the Internet'에서 인터넷을 사용하기 위해 커피숍이나 공공 도서관에 가지 않아야 한다고 한 것에 비추어 볼 때, Campbell은 인터넷이 고쳐지지 않아 작동하지 않을 때는 집 바깥에서 인터넷을 할 것임을 추론할 수 있다. 따라서 (c)가 정답이다.

어휘 switch 바꾸다 hire 고용하다 attend 참석하다

[문제] In the context of the passage, reliable means
_____.

(a) approved
(b) dependable
(c) respected
(d) honest

[단서] reliable의 유의어를 찾는 어휘 문제이므로, reliable이 언급된 주변을 주의 깊게 읽고 문맥을 파악한다.

[해석] **지문의 문맥에서, 'reliable'은 -을 뜻한다.**

(a) 승인된
(b) 믿을 만한
(c) 존경받는
(d) 솔직한

[해설] 'a reliable Internet connection'은 믿을 만한 인터넷 연결이라는 뜻이므로, reliable이 '믿을 만한'이라는 의미로 사용된 것을 알 수 있다. 따라서 '믿을 만한'이라는 같은 의미의 (b) dependable이 정답이다.

MEMO

MEMO

MEMO